LA

DÉCENTRALISATION

OU LA PROVINCE

COMÉDIE EN CINQ ACTES ET EN PROSE

LA
DÉCENTRALISATION

OU

LA PROVINCE

COMÉDIE EN CINQ ACTES ET EN PROSE

PAR

HENRI BERNARD

AVOCAT.

MONTPELLIER

BOEHM & FILS, IMPRIMEURS DE L'ACADÉMIE

—

1862

PRÉFACE

PREMIÈRE PARTIE.

La première partie de cette Préface est faite à coups de ciseaux. Elle est extraite d'un opuscule que j'ai publié tout récemment sous le titre :

« DE LA DÉCENTRALISATION ET DES CONCOURS RÉGIONAUX

appliqués aux sciences, aux lettres, aux beaux-arts [1].

Je cite donc :

La décentralisation est aujourd'hui le mot d'ordre de la presse départementale. Il lui est inspiré par le sentiment de dignité de tout ce qui a quelque valeur intellectuelle en France et aspire à s'affranchir de la domination arrogante de la presse parisienne.

Mais il ne suffit pas de s'insurger contre elle, en vertu de cette devise révolutionnaire : *«l'insurrection est le plus saint des devoirs»*, et d'inscrire sur son drapeau : DÉCENTRALISATION ! il faut aussi se rendre bien compte de ce qu'elle renferme de bon, d'utile , d'hono-

[1] Typographie de Boehm et Fils, Montpellier.

rable, de réalisable surtout, sous peine de voir avorter cette noble et féconde pensée d'émancipation, et de fournir aux orgueilleux dominateurs une nouvelle occasion de la taxer d'impuissance, de stérilité, et de l'avilir par le ridicule.

I

Et d'abord, empressons-nous de le dire : il est *une centralisation* qu'il faut non-seulement respecter, mais à laquelle on ne saurait donner trop de force : c'est *la centralisation*, ou plutôt l'*unité politique et gouvernementale*. C'est à elle que la France doit son irrésistible vigueur de vie et d'action, par l'admirable cohésion de toutes les parties qui la composent, de ces belles provinces ayant chacune son histoire, son caractère distinctif, ses traditions, ses mœurs, mais s'étant, après de longues résistances, ralliées au centre commun, au principe unique d'autorité, qui leur rend en solide appui ce qu'elles lui apportent en richesse et en gloire.

Oui, c'est *ce tout*, composé de ces nombreux et vaillants faisceaux qu'on nomme *Bretagne*, *Picardie*, *Champagne*, *Flandre*, *Alsace*, *Lyonnais*, *Guyenne*, *Languedoc*, *Provence*, etc., etc. ; c'est ce tout compacte, indivisible, qui forme le magnifique EMPIRE FRANÇAIS, objet de tant d'envies, de jalousies, mais aussi de l'admiration du monde civilisé, et de cette Europe qui, après s'être coalisée pour en briser l'unité, la prend aujourd'hui pour modèle et s'efforce de l'imiter, en même temps qu'elle la constitue, en quelque sorte, l'arbitre de ses nouveaux destins.

Ah ! gardons-nous d'attenter, même par la pensée, à cette *centralisation* tutélaire qui résume notre génération tout entière ! à *ce Paris* prestigieux qui en est le cœur, dont la France a le droit d'être fière, et qui réalise en ravissement des yeux, en plaisirs de l'esprit, tout ce que l'imagination peut concevoir de merveilles et de charme ! Nous ne saurions le dire trop haut : là est notre grandeur, notre prospérité, notre bonheur, notre puissance.

II

Il est une autre *centralisation* qui touche de près à la première, dont elle est la conséquence : c'est la *centralisation administrative* ; comme l'unité politique et gouvernementale, elle a son siége à Paris.

Ce chapitre est hors de mon sujet, je me borne à reproduire sa conclusion :

Disons-le donc, parce que la vérité est là : la décentralisation administrative, départementale et communale existe dans les subdivisions nouvelles de la France.

Elle s'exerce avec plus de soin, plus d'activité, non moins de sollicitude et plus d'esprit de progrès que dans l'ancienne administration des provinces ; et, par cela même, elle en a augmenté, dans une énorme proportion, la richesse et le bien-être.

La seule amélioration désirable (et celle-là a bien sa valeur) est celle qui touche aux *formalités bureaucratiques*. Là, une réforme essentielle est à faire, pour accélérer la marche des affaires ; celle-là peut et doit se réaliser, sans porter atteinte au principe sacramentel de l'unité gouvernementale, qui se concilie parfaitement avec les franchises des provinces et des communes.

III

Il nous reste à parler d'une autre *décentralisation*, ou plutôt d'une *centralisation provinciale*, de création toute nouvelle, dont nous venons d'être, à la fois, les témoins et les acteurs : on la nomme *concours régionaux*. Oh ! celle-là ne saurait être trop encouragée ! Les excellents résultats qu'elle a produits dans les diverses zones où elle s'est exercée, l'attestent, en même temps qu'elle honore les administrations qui l'ont conçue et exécutée, à l'exemple de Paris.

Dans la première phase de cette imitation, la *centralisation* ne s'appliquait qu'à la seule agriculture, sous le nom modeste de *comices agricoles*, et dans le seul département : c'était déjà une heureuse pensée, dont l'application se généralise. On lui doit les progrès toujours croissants de l'industrie agricole, qui s'exerce sur le premier des biens, *la terre*, et en accroît la production, cette source inépuisable de la fortune publique et privée.

Cette même *centralisation*, ce même *concours* a reçu une heureuse application dans les districts manufacturiers, pour faire ressortir les progrès de notre industrie nationale. Les expositions locales, pleines d'intérêt, en ont révélé le prodigieux développement et le perfectionnement de ses produits, en ce qui touche surtout *le bon marché.*

Enfin, de la seule localité, ce système de concours s'est étendu à des zones tout entières de la France, sous le nom de *régions.* Là, ont figuré tout à la fois, dans leur généralité, les produits agricoles que l'industrie spéciale accroît et perfectionne ; ceux, non moins intéressants, du travail manufacturier dans ses diverses branches ; nos richesses minéralogiques exploitées par la métallurgie ; et dans ce vaste ensemble industriel, si magnifique dans ses résultats, dirigé par la science elle-même, qui de la théorie conduit à la réalité, en s'inspirant de l'esprit de progrès, la science a trouvé sa part d'honneur.

Enfin, pour ajouter à l'éclat du concours, les beaux-arts, dans leur application diverse et charmante, ont participé à cette noble lutte du travail, et embelli le triomphe des lauréats par le rayonnement de leur propre gloire.

Ainsi, pour ne parler que *du Midi,* le concours régional du littoral méditerranéen, qui a eu lieu, il y a deux ans, à *Montpellier,* et l'an dernier à *Marseille,* a embrassé les neufs départements qui forment la *douzième circonscription régionale,* enrichie encore par celui des Alpes-Maritimes.

Cette double épreuve, à laquelle il nous a été donné d'assister, et dont notre Midi a droit de s'enorgueillir, laissera dans cette région privilégiée par la nature, par la vive intelligence et l'ardeur de ses populations, de profonds et glorieux souvenirs [1].

Elle justifie les avantages de cette *centralisation subdivisée,* qui n'est autre chose que la *décentralisation* du grand tout, de ce Paris dominateur absolu, attirant à lui, pour les absorber exclusivement, les esprits d'élite, par l'appât de la fortune, la dispensation des honneurs, la séduction des arts et l'enivrement des plaisirs.

Oui ! tout doit enfin aboutir à Paris, puisque Paris résume la France, dans toute sa puissance, son éclat, sa richesse, sa gloire ; mais il faut le forcer aussi à demander, non plus en maître impérieux et vain,

---

[1] Avant *Montpellier* et *Marseille,* dans le Midi, les concours régionaux avaient eu lieu : le premier à *Carcassonne* (Aude), le second à *Avignon* (Vaucluse), avec beaucoup de succès et d'éclat ; le dernier à *Perpignan* (Pyrénées-Orientales). Il en est de même dans toute la France.

mais en patron équitable et reconnaissant, à cette France à laquelle il doit tout, de lui rapporter la part d'honneur qu'elle a recueillie dans ses diverses parties, pour en composer l'œuvre commune, cette œuvre merveilleuse qui, dans son ensemble, rayonne sur le monde civilisé.

IV.

Et pourquoi *cette décentralisation*, ou plutôt *cette centralisation subdivisée*, dont les excellents effets sont désormais consacrés par les concours régionaux, ne s'étendrait-elle pas aux productions de l'esprit, du génie peut-être, en ouvrant aussi la carrière dans les diverses zones de la France, et particulièrement dans celle que féconde l'ardent soleil du Midi, à la plus noble faculté de l'homme, l'intelligence, appliquée à la science, aux lettres, dans leurs diverses branches ; tandis qu'elle est trop souvent réduite à ne produire que pour elle-même, ou pour une localité circonscrite, trop souvent indifférente, sinon envieuse ou sottement dédaigneuse, prévenue d'avance qu'elle est contre ce qu'elle nomme *le fruit du cru ?*

Qu'arrive-t-il de cette réclusion ou de cette circonscription étroite ? Que *les producteurs intellectuels*, les savants, les lettrés, justement blessés du mépris humiliant qui est fait de leurs œuvres, en outre de la stérilité, sous le rapport du légitime prix qu'ils étaient en droit d'en attendre, les condamnent au silence du portefeuille, par un sentiment de dignité. De là ce découragement profond, douloureux, et la perte peut-être d'œuvres supérieures inédites, qui eussent honoré et enrichi leur auteur.

Ou bien encore il ne voit que *Paris*, et il va ajouter à cette centralisation immense et absorbante, mais où, pour un triomphateur heureux, souvent bien plus par l'intrigue, l'engouement, la faveur, que par son propre mérite, des milliers de prétendants ne recueillent que la misère et le désespoir ! !

Après avoir exposé mon système d'organisation pour cette partie, si élevée et si remplie d'intérêt, des concours régionaux, j'aborde la question des *prix* et des *primes*, en ces termes :

L'honneur, la gloire sont sans doute de puissants mobiles pour exciter l'émulation.

Mais... (comme dit le poète)

« Mais l'honneur, sans l'argent, n'est qu'une maladie. »

Le savant, le lettré, l'artiste, consacrent leur temps et leurs forces à produire leurs œuvres ; et, sans vouloir faire du matérialisme, la récompense de leurs nobles travaux ne doit pas seulement consister dans des médailles honorifiques. Si glorieuses qu'elles soient, ce ne sont que de beaux titres à orner un cabinet. Mais, par cela même, elles n'ont qu'une grande valeur morale, et, à moins d'une position extrême, ne donneraient pas même de quoi déjeuner.

Le bon homme Chrysale avait parfaitement raison de dire :

Je vis de bonne soupe et non de beau langage.

Oui ! sans doute, de belles, de riches médailles aux lauréats ! mais des *primes d'encouragement en bons et beaux écus :* c'est le prix materiel, il est vrai, des œuvres de l'esprit, du génie ; mais elles ont *un corps* auquel il faut pourvoir. Ce corps n'est pas seul au monde : il a une famille qu'il lui faut élever et nourrir, et ce ne sera pas avec des couronnes et des médailles. *L'argent ! l'argent !* voilà la nécessité de tous les jours, et, par cela même, il a cet avantage d'écarter les soucis de la vie quotidienne, qui sont une cause de préoccupation et de découragement. De trop nombreux exemples l'attestent d'une manière douloureuse.

Les primes ont encore un autre avantage : elles ne mettent pas les auteurs à la merci des libraires (je parle pour les auteurs peu connus encore). C'est une première ressource qui leur permet d'attendre, et par là d'exciter la concurrence des éditeurs.

La librairie est une industrie, un commerce qui s'exerce en général honorablement : mais il ne faut pas exiger d'elle de la générosité. Ce commerce, par sa nature même, est peu généreux : il pense à lui d'abord, et achète aussi bon marché que possible, pour vendre le plus cher possible : c'est son droit, mais qui fait peu le compte des auteurs. La concurrence, voilà leur force à opposer au libraire spéculateur. En parlant des *revues régionales,* nous dirons comment cette force peut et doit s'exercer, pour produire d'heureux résultats en faveur des producteurs intellectuels.

Donc, des *médailles* pour *l'honneur*, mais des *primes* pour *l'argent!*

Il ne suffit pas de le proclamer, il faut pourvoir à la dépense. Sans doute, chacun des chefs-lieux de la région où le concours sera ouvert s'empressera d'y subvenir : entre eux, c'est une association de dignité et de gloire, et, pour chacun, cette participation sera légère.

L'Empereur lui-même est le premier à s'inscrire, toutes les fois qu'il s'agit d'encourager et de récompenser les sciences, les lettres et les arts. Son gouvernement, qui s'inspire de sa libéralité, s'honore d'en suivre l'exemple.

Ce serait ici le lieu de faire ressortir l'intérêt tout particulier que mérite l'*art dramatique*, et l'encouragement exceptionnel auquel il a droit dans les Concours régionaux. Ce sera l'objet d'un travail à part.

Il est impossible qu'on ne soit pas frappé de sa décadence dans les œuvres innombrables qu'il produit, et, plus encore, dans les artistes qui sont appelés à les représenter sur toutes les scènes de Paris et de la province.

Et d'abord, quant aux œuvres, pour ne parler que de celles qui appartiennent à la plus haute expression de l'art dramatique, au *Théâtre-Français*, est-ce être injuste envers elles que de les trouver, à quelques exceptions près, peu dignes de la *maison de Molière?*

Ce n'est pas dans un rapide exposé de l'état actuel de l'art dramatique, qu'on peut approfondir les causes de ce que nous ne craignons pas de nommer sa décadence ; elle appelle la ferme et prompte résolution d'en arrêter les progrès, pour en préparer la régénération, aussi bien dans les œuvres que dans les artistes.

Le ministre d'État, à qui est échu le noble patronage des arts, en général, et qui s'acquitte avec une si vive sollicitude de cette grande et généreuse mission, se préoccupe des mesures à prendre pour l'accomplir. Nous nous permettrons de lui soumettre celles qui nous paraissent essentiellement propres à le seconder dans sa tâche.

La décentralisation, d'une part, et *la centralisation régionale*, de l'autre, qui n'est que l'association des forces vives de l'intelligence en province, pour se soustraire à l'absorption autocratique de Paris : voilà le seul moyen d'en forcer enfin les barrières et d'en triompher, par le principe même qui a fait la grandeur et la puissance de la

France : *la démocratie*, qui n'est autre que *l'égalité*. Les Concours régionaux y contribueront puissamment.

Expliquons-nous.

Pourquoi les auteurs dramatiques ne travaillent-ils pas pour la province, et vont-ils porter leurs ouvrages à Paris ? C'est qu'ils n'en retirent ni *honneur* ni *argent*, les deux grands mobiles de nos actions comme de nos travaux.

Ni *honneur*, par suite de la prévention locale contre l'auteur, dénigré par l'envie ou la sottise ; *ni argent*, parce que l'ouvrage, fût-il bon, ne peut être joué qu'une ou deux fois devant le même public ; il n'est, au contraire, pour l'auteur qu'une cause de dépenses.

Mais si, à la seule localité, vous substituez une région tout entière, et pour ne parler que de celle du Midi (la 12ᵉ *circonscription*) qui compte aujourd'hui *neuf départements*, en y comprenant les *Alpes-Maritimes* et la *Corse*, vous réunissez environ *20 théâtres* ; l'ouvrage, représenté deux fois seulement sur chacun d'eux, équivaut à *40 représentations* sur un seul, et, par conséquent, rendra à l'auteur le droit perçu sur ce nombre.

Que sera-ce si, par l'association fraternelle de toutes les circonscriptions qui composent la France entière, à l'exception de Paris, s'il dédaignait de s'y réunir, l'ouvrage est joué *deux fois* seulement dans le cours de l'année sur les 300 ou 400 théâtres des départements ? Oh ! c'est alors que le problème d'accorder *l'honneur* et *l'argent* sera glorieusement, richement résolu ! Et quelles heureuses conséquences en résulteraient en faveur de l'art dramatique ! Voilà Paris prévenu *qu'il ne produit pas seul des merveilles,* et que la province peut, sinon s'affranchir entièrement du tribut qu'il lui impose, du moins le lui disputer, et finir par lui imposer le sien.

Nous l'avouons : notre vive sympathie pour ce bel art, dans lequel la France excelle, et qui ajoute à la puissance morale qu'elle exerce sur le monde entier, excite vivement notre sollicitude sur tout ce qui peut contribuer à sa régénération.

Cette exposition était nécessaire pour faire bien comprendre toute ma pensé sur la *décentralisation* en général, particulièrement en ce qui touche à l'*art dramatique*. Il me reste à m'expliquer sur l'œuvre que je livre à la scène,

sous ce même titre : LA DÉCENTRALISATION, auquel j'ajoute,
OU LA PROVINCE.

SECONDE PARTIE

En effet, c'est la Province dont j'ai essayé de peindre
les mœurs, en les mettant en regard des mœurs de Paris.
J'ai procédé par contrastes, dans la création de mes personnages et le caractère que je leur ai donné.

A l'exemple du grand maître, (il n'en est pas deux) dont
je m'honore d'être le plus infime disciple, j'ai étudié des
types dans le monde provincial, comme dans le monde
parisien ; et je les ai composés, en y ajoutant tout ce que
ma raison et ma recherche de types analogues m'ont fait
y rencontrer des traits propres à leur donner plus de
relief.

Ce travail est particulièrement sensible dans l'un des
personnages dominants, et qui m'a singulièrement séduit ,
celui de *l'archi-douairière de* ROCHEVIVE, dont le type
m'a été fourni par *Mademoiselle de* MARRAN , cette création
si piquante et si originale d'Eugène Sue dans l'un de ses
romans les plus intéressants, *Mathilde ;* avec cette différence entre elles, que Mademoiselle de MARRAN , disgraciée
de la nature , était méchante et vindicative ; tandis que la
baronne de ROCHEVIVE est excellente au fond , et n'a de
malice que dans l'esprit.

LOUISE , son arrière petite-fille, qui a hérité de cet esprit
et de cette malice, embellis par la grâce de la jeunesse ,
et tempérés par une raison précoce, avec un cœur plein de
sensibilité , LOUISE est aussi un type que j'ai revêtu avec
bonheur de tout ce qui pouvait le faire aimer.

Julie d'Harcour , cette jeune veuve , modèle de toutes les vertus , dans le monde comme dans la famille ; esprit supérieur sans pédantisme , cœur noble et tendre.

Et par opposition , ce type si distingué du *demi-monde* dont on ne soupçonnerait pas la perversité, qui n'était pas dans sa nature , et à laquelle elle n'a été poussée que par l'ingratitude , la noirceur des hommes et le mépris des femmes ; cette prétendue *vicomtesse* Desgrieux ne complète-t-elle pas d'une manière saisissante mes personnages *femmes ?*

Le même contraste se retrouve dans les *hommes.* Parmi eux , le plus saillant est sans contredit Duperrin ; c'est sur lui que j'ai rassemblé tous les traits dont se composent nos francs-juges des *théâtres* et des *artistes* en province, nos *sultans de coulisses* , qui se font journalistes pour dispenser, par l'éloge ou la méchanceté, la protection ou la crainte , *le mouchoir du kalife à la sultane favorite.* On les reconnaîtra partout dans chacun de leurs traits isolés [1].

Mais , à part le théâtre , j'ai voulu peindre en Duperrin,

---

[1] Les petits journaux de province, à quelques exceptions près, sous l'apparence d'offrir une critique profitable à l'art dramatique et utile aux artistes eux-mêmes, ne sont créés qu'en vue d'exercer sur le directeur du théâtre, par la flatterie ou l'intimidation, une pression dans le but d'obtenir l'entrée des coulisses. Guerre aux directeurs qui la leur refusent, et aux honnêtes filles qui leur résistent! Mais cette scandaleuse domination ne leur suffit pas. Sous le couvert d'un *pseudonyme,* dans une *chronique* qu'ils croient rendre piquante par de méchants lazzis ou quelques anecdotes d'une trivialité cynique, ils ne craignent pas de se livrer à des personnalités offensantes, justiciables des tribunaux correctionnels, et dont le mépris du lecteur fait justice.

Heureusement, ces publications éphémères ne dépassent pas le milieu dans lequel elles vivent et meurent. La critique sérieuse, honorable, utile aux arts et aux artistes, ne les prendra jamais pour organe.

homme du monde et de fortune , l'esprit de haine , de jalousie contre tout ce qui s'élève et jouit d'une haute considération publique.

Saint-Remy, voilà celui qu'il veut atteindre, inspiré qu'il est par une basse envie, en se vengeant de sa supériorité sur sa famille entière.

Les deux cousins rivaux, Raymond et Ernest, qui se disputent la main de Louise, sont conçus dans ce même système de contrastes qui est un des plus sûrs éléments d'intérêt dans la comédie, et qu'on retrouve dans tous les chefs-d'œuvre de Molière.

Raymond est la droiture, la franchise mêmes; tandis que Ernest, naturellement dissimulé et vindicatif, dont le cœur n'est pas mauvais au fond, mais s'est gâté au contact du Duperrin qui en excite la jalousie, se prête à en servir les projets de vengeance.

Voilà les principaux caractères définis et résumés, de manière à en faire saisir le fond et les nuances par les artistes chargés de les représenter.

Mon analyse serait incomplète si je n'expliquais pas la part que j'ai cru devoir donner à des personnages épisodiques dans l'ensemble et l'action du drame. Le théâtre et les artistes entrant dans mon sujet, je devais les y faire figurer.

Le fort ténor Blinval, nom de coulisses qui couvre un nom de noble famille , est un caractère historique. J'ai connu, non pas un Mac Gregor, mais un fils de haute maison qui, passionné pour l'art dramatique, a quitté la carrière militaire, où un bel avenir l'attendait, pour le théâtre. Hélas! il a dû parfois amèrement s'en repentir!

Quant à Linda, c'est une bonne et franche nature, qui se rencontre dans ces organisations privilégiées, sous le

rapport du plus beau, du plus sympathique des instruments,
la voix humaine ; en même temps qu'elles sont douées d'une
vive intelligence, mais sans instruction première. — Le
théâtre est pour elles le moyen de se produire et de déve-
lopper les dons heureux que Dieu leur a prodigués. Les
applaudissements, les couronnes, la richesse, les y attendent pour un temps ; mais plus tard , à de rares exceptions
près, les déceptions et la misère.

Je ne parle pas du prétendu Vicomte Desgrieux, cet
habile *grec*, très-historique aussi en province comme à
Paris. Il n'a qu'une scène et ne dit que quelques mots.
Son véritable rôle est dans les salons et les cercles, qu'il
exploite avec tant d'adresse. C'est un rôle de complaisance,
auquel un artiste obligeant voudra bien se prêter.

Il me reste à parler d'une addition importante de personnages qui ne figurent pas dans l'énumération qu'on
trouve en tête de l'ouvrage. Je l'avais fait imprimer d'avance,
uniquement pour moi, ne croyant pas avoir à y rien changer avant la représentation ; c'est une faute : l'épreuve seule
de la scène peut permettre d'en bien apprécier les effets.

Après mûre réflexion, j'ai entièrement refait le cinquième
acte. Tout s'y passait en récits des incidents du procès
correctionnel intenté par Duperrin contre Mac Gregor
(Blinval) et ayant pour cause *la correction* un peu vive qu'il
avait infligée au *Figaro méridional*. Après la péripétie
saisissante qui termine le quatrième acte, ces récits refroi-
dissaient le dénouement. Je l'ai mis complètement en action ; c'est une séance de tribunal correctionnel dans toute
sa vérité et sa dignité.

Je me suis bien gardé de jeter du ridicule sur notre
magistrature , pour laquelle j'ai un profond respect. Je
pouvais en faire aussi des *Perin Dandin* et des *Bridoison*.

Ce n'est pas dans des charges grotesques ou de méchants quolibets que je devais rechercher le comique, mais dans la fidèle reproduction d'une audience correctionnelle , dans la part qu'y prenaient le public et les personnages admis à y assister à des places privilégiées.

Parmi eux, *la Baronne de* ROCHEVIVE, avec sa nature si verte encore, à un âge tout exceptionnel et qui en fait excuser l'impatience; avec son esprit si mordant et insubordonné, devait amener des épisodes divertissants, en excitant le public à y prendre part.

Les supplications, les remontrances du président, l'intervention bruyante et maladroite de l'huissier, voilà plus qu'il n'en fallait pour faire une agréable diversion à la sévérité de l'audience, et ajouter à l'intérêt qu'elle présentait par la déposition des témoins et la plaidoirie des avocats.

Enfin, avocat moi-même, je ne pouvais penser à amuser le public aux dépens de notre noble profession ; mais sans la blesser, j'ai cru pouvoir me permettre de forcer un peu les traits et les habitudes de plaidoirie d'un confrère d'imagination, Me ROQUET, dont on trouve des types en province, à Paris même, sauf l'accent méridional très-prononcé. Ils n'en ont pas moins de mérite comme *hommes d'affaires*, ainsi qu'on les qualifie au palais.

On peut considérer le *cinquième acte,* dans lequel le dénouement est tout en action, comme *l'épilogue* de ma comédie , en ce sens qu'il résout la situation *actuelle* de chaque personnage, et fait prévoir celle qui probablement doit se réaliser pour tous dans l'*avenir.* C'est le dernier trait qui en fait encore ressortir le caractère.

Il me reste à m'excuser d'avoir entretenu si longuement le lecteur de la conception de mon œuvre dans son ensemble, et des combinaisons à l'aide desquelles je me suis

efforcé d'y répandre le plus d'intérêt possible. Y suis-je
parvenu ? Je l'espère, sans présomption comme sans fausse
modestie. J'ose croire du moins qu'on y trouvera de la
vérité dans la peinture des mœurs de la province, du naturel dans le langage que je prête à mes personnages, en
évitant d'y faire parler l'auteur pour eux ; enfin, j'ai tâché
d'exciter une curiosité toujours croissante, qui naît des si-
tuations dans lesquelles je les ai placés, et tient le lecteur
et le spectateur en suspens sur la solution qu'elles doivent
avoir.

DERNIÈRES OBSERVATIONS.

Ainsi que je viens de le dire, *le cinquième acte* est entièrement neuf. De nouveaux personnages y étant intro-
duits, leur désignation devenait nécessaire ; elle complète
celle qu'on trouve en tête de l'ouvrage, avec quelques légers
changements.

Ainsi, Mac-Grégor (Blinval) y est qualifié de *capitaine de zouaves ;* c'est *lieutenant dans le premier régiment des chasseurs d'Afrique,* où Raymond était *capitaine,*
qu'il faut lire.

Je me suis borné à indiquer la mise en scène ; c'est à
l'expérience de MM. les directeurs, et spécialement de
MM. les régisseurs, à la régler définitivement.

Quelques légères erreurs ou fautes typographiques ont
pu échapper ; on les reconnaîtra facilement sans qu'il soit
nécessaire d'en faire l'objet d'un *erratum.*

LA

DÉCENTRALISATION

OU LA PROVINCE

PERSONNAGES

SAINT-REMY. Veuf d'Ursule de Rochevive, petite-fille de la Baronne de Rochevive ; esprit progressif et généreux (50 à 55 ans).

RAYMOMD. Jeune homme très-distingué, ex-capitaine des chasseurs d'Afrique, beau garçon, brave et disposé à la jalousie, cousin par sa mère de St-Remy, et fiancé à Louise St-Remy (25 ans).

ERNEST. Jeune fat, de l'école de Duperrin et inspiré par lui, cousin aussi de St-Remy par son père. Il aime Louise St-Remy, avec laquelle il a passé son enfance, et s'efforce, sous l'inspiration de Duperrin, de rompre son mariage avec Raymond (23 à 24 ans).

DUPERRIN. Esprit méchant par nature, jaloux de tout ce qui s'élève, médisant, infatué de sa richesse. Rédacteur en chef, pseudonyme, d'un petit journal littéraire et de théâtre, sous le titre de *Figaro méridional;* négligeant sa femme qu'il laisse aux soins du ménage et des enfants ; Lovelace de coulisses (40 à 45 ans).

DUMONCEAU. Esprit lourd, très-riche propriétaire, qui fait le beau fils, ne parlant que de Paris, de ses domaines, de ses bonnes fortunes à Paris ; mise prétentieuse (40 ans).

Le Vicomte DESGRIEUX. Chevalier d'industrie parisien, de bonne compagnie ; manières distinguées (45 à 50 ans).

La Baronne de ROCHEVIVE, Archi-douairière, plus de 90 ans, ayant conservé une grande vigueur de corps et de raison, très-spirituelle et mordante, se moquant du nouveau régime et des *Concours régionaux,* raillant Paris moderne, les chemins de fer, le télégraphe électrique, nos grandes découvertes ; frondant tout, et principalement les enrichis, les dépenses *folles* des villes, etc.

Julie d'HARCOUR. Veuve du Baron d'Harcour, née St-Remy, d'un frère aîné de St-Remy; petite-nièce de la baronne de Rochevive et cousine de Louise. Aimable et bonne (30 à 32 ans).

Louise SAINT-REMY. Charmante jeune fille, fiancée à Raymond. Beaucoup de raison et d'esprit (19 ans).

HORTENSE (sous le nom de Vicomtesse Desgrieux). Demi-monde parisien, très-distinguée de manières ; mais, malgré sa retenue, laissant percer par moments le milieu dans lequel elle a vécu et vit encore (25 à 30 ans).

PERSONNAGES ÉPISODIQUES.

Le Comte Mac GRÉGOR (sous le nom de BLINVAL). Premier fort ténor, très-distingué comme artiste, ayant quitté le service militaire (capitaine de zouaves) par passion pour le théâtre.

LINDA (Émélinde). Rôle de *Stolz* et de *Falcon* (dont Duperrin est le tenant), très-vive et spirituelle (25 ans).

La scène est dans une des premières villes du Midi.

Le premier acte chez Saint-Remy.

Le second acte chez Duperrin.

Les trois derniers chez Saint-Remy.

Domestiques de Saint-Remy et de Duperrin.

LA
DÉCENTRALISATION

ou

LA PROVINCE

COMÉDIE EN CINQ ACTES ET EN PROSE

ACTE PREMIER

Le théâtre représente un salon simple, mais de bon goût. Divan en rond au milieu. Des deux côtés une causeuse, en face l'une de l'autre. Table garnie d'albums. Porte d'entrée au fond et portes latérales.

Au lever du rideau, quatre acteurs sont en scène et jouent au boston.

SCÈNE PREMIÈRE.

LA BARONNE DE ROCHEVIVE, JULIE D'HARCOUR, LOUISE et RAYMOND.

(La Baronne est assise sur la causeuse, Julie à sa gauche, Louise vis-à-vis de la Baronne, Raymond vis-à-vis de Julie.)

LA BARONNE.

Louise ! attention à ton jeu ! et ne sois pas toujours à faire la moue à Raymond.

LOUISE.

Bonne maman, je lui souris, au contraire.

LA BARONNE.

Oui,... mais avec des yeux bien méchants.

RAYMOND.

Laissez-les faire : ils me plaisent d'autant plus, car ils brillent d'un éclat...

LOUISE (se tournant du côté de Julie).

Oh ! bien, Monsieur, vous ne les verrez plus.

JULIE.

Enfant ! alors c'est moi qui vais y gagner.

LA BARONNE.

Là ! j'en étais sûre... Tu as voulu me soutenir !.. J'avais un boston superbe : au moins six levées, et que j'aurais gagnées toute seule ; et toi, rien !

LOUISE.

J'avais trois levées : c'était ma part.

LA BARONNE.

Et tu n'en as fait qu'une.

LOUISE.

C'est par une malice de Monsieur !...

RAYMOND.

Malice bien innocente, Louise ! pardon ,... Mademoiselle !... tu étais.... vous étiez sous ma main, et j'avais un beau jeu contre... vous. J'espérais soutenir bonne maman , mais, vous m'avez devancé, et...

LOUISE.

Oh ! j'ai bien vu , Monsieur, que vous étiez heureux de me faire perdre.

LA BARONNE.

Encore si tu avais perdu seule ,... et en cœur !

(Elle avance le panier.)

— Allons, mets au panier ta part de la remise, étourdie ! Et, à l'avenir, si tu me fais perdre, tu paieras seule.

LOUISE.

Avec plaisir, bonne maman. A moi de donner.

(Pendant qu'elle donne.)

JULIE.

Nos messieurs prennent plaisir à l'Exposition. Quelle séance! Depuis ce matin six heures, à peine jour !... Ils ne sont pas même rentrés pour déjeuner.

LA BARONNE.

Belle Exposition , vraiment !... des machines !... A votre jeu. A toi à parler, Julie.

JULIE.

Je passe, comme d'habitude.

LA BARONNE.

Six en pique.

RAYMOND.

Pardon, bonne maman , six en cœur.

LA BARONNE.

Sept.

RAYMOND.

Je les garde.

LA BARONNE (très-vivement).

Huit.

LOUISE.

Misère sans écart.

LA BARONNE.

Coquine !... pour m'enlever mon jeu et m'empêcher de tirer la remise.

LOUISE.

Oh non ! bonne maman ; pour vous sauver de la perdre.

LA BARONNE.

Attends ! attends ! c'est toi qui la doubleras.
(On joue.)
— Raymond, fais attention à la carte que je joue.

LOUISE.

Bonne maman, il est défendu de parler. Monsieur n'a pas besoin que vous l'excitiez contre moi.
(On joue.)
— Oh ! vous avez beau faire et vous coaliser...

LA BARONNE.

Je te tiens, cette fois : deux de pique. Julie renonce.
(A Louise.)
— A toi !...

LOUISE.

Et moi aussi !. je jette ma seule mauvaise carte... Gagné !...

LA BARONNE.

Voyons, voyons !
(Elle vérifie les cartes.)

LOUISE.

A moi le panier !

LA BARONNE.

Drôlesse ! je t'y prendrai une autre fois. J'entends les voitures dans la cour : ce sont ces messieurs, sans doute.
(Tous se lèvent, à l'exception de la Baronne.)
— Louise, sonne, qu'on vienne enlever la table ; nous reprendrons la partie après dîner.
(Louise sonne. Un domestique vient enlever la table.)
— Jean, ne dérangez rien.
(Le domestique sort.)

SCÈNE II.

LES PRÉCÉDENTS, SAINT-REMY, DUMONCEAU, DESGRIEUX.

(St-Remy fait les honneurs de l'entrée à Desgrieux d'abord, puis à Dumonceau.)

SAINT-REMY.

A vous, Monsieur le vicomte; après vous, Dumonceau.

LA BARONNE (qui s'est levée).

Vous voilà enfin, Messieurs. Il est temps ! cinq heures du soir, depuis l'aube. Et pour voir, quoi?..,

SAINT-REMY.

Grand'mère !
(Il la baise au front.)
— A vous, chère Julie !
(Il lui serre la main.)
— A toi, Louise !

LOUISE.

Bonjour, père.
(Elle l'embrasse.)

LA BARONNE.

Asseyons-nous. Dix heures sur vos jambes !
(Elle s'assied sur la causeuse.)
— Julie, près de moi. Louise, bien loin. Je te consigne, pour ta pénitence.
(Desgrieux et Saint-Remy se placent sur le divan; Dumonceau avance un fauteuil et se place près de la Baronne.)

SAINT-REMY.

Qu'a-t-elle donc fait?

LA BARONNE.

Elle m'a fait perdre le plus beau boston !...

SAINT-REMY.

Oh ! c'est grave, Louise.

LA BARONNE.

Moque-toi aussi, mauvais !...

LOUISE.

Bonne maman, je me suis fait justice ; me voilà aux antipodes.

(Elle se place sur la causeuse opposée à celle de la Baronne. Raymond s'avance pour s'asseoir près d'elle.)

RAYMOND.

Vous permettez, Mademoiselle ?

LA BARONNE.

Comment ! si elle le permet ;.. je voudrais bien voir !..

LOUISE.

Puisque bonne maman l'ordonne !

(Raymond s'assied près d'elle.)

SAINT-REMY.

Toujours la petite guerre.

LOUISE.

Père, ce n'est pas moi : c'est Monsieur...

LA BARONNE.

Paix ! petite fille. Entre vous les débats.

(Raymond et Louise se parlent bas.)

— Voyons, Messieurs les grands agronomes : parlez-nous blé, vins, fourrages, carottes, betteraves. Et vos merveilleuses machines, qui enlèvent le travail au pauvre peuple, *fonctionnent-elles bien*? fonctionnent, c'est le mot, je crois.

SAINT-REMY.

Mon cher Dumonceau, et vous M. Desgrieux, vous parisien, nécessairement progressif, n'en veuillez pas à ma bonne grand'-mère de cette vive attaque contre nous, humbles agriculteurs, et nos machines. Oh oui! bien merveilleuses en effet, car elles obtiennent des résultats excellents. Loin d'enlever le travail au peuple, elles lui en épargnent la fatigue excessive, en le remplaçant par un travail plus doux et qui développe son intelligence.

Pardon, grand'mère, si je combats vos préjugés de près d'un siècle!

LA BARONNE.

Et je m'en honore.

SAINT-REMY.

Parbleu! je le crois bien, quatre-vingt-douze ans!

LA BARONNE.

Quatre-vingt-treize, s'il vous plaît, après-demain.

DESGRIEUX.

Voilà qui est plus merveilleux encore que vos machines, M. de Saint-Remy.

LA BARONNE.

Machine! mais j'en suis une, mon cher Monsieur, et pas trop détraquée, n'est-ce pas? pour mon âge. Et je soutiens que je vaux mieux que les vôtres, dont vous faites tant de bruit. Je persiste à dire que la mienne donnait du pain à nos vassaux, et que les vôtres le lui ôtent. Il est vrai, par compensation, qu'ils sont émancipés depuis votre grande révolution de *quatre-vingt-neuf*. Que dis-je? émancipés! mieux que cela, nos égaux et parfois nos maîtres.

DUMONCEAU.

A mon tour de répondre à Madame la baronne.

LA BARONNE.

Je suis curieuse de l'entendre, ce bon Dumonceau ; il a la langue si bien pendue.

DUMONCEAU.

Permettez, permettez !...

LA BARONNE.

Je permets, je permets, mon gros !...

(On rit.)

DUMONCEAU.

Saint-Remy et Desgrieux ont parfaitement raison : nos machines.....

LA BARONNE.

Allons donc ! machine vous-même, comme moi.

DUMONCEAU.

J'aurais voulu, chère baronne, que vous eussiez vu marcher ma charrue.

LA BARONNE.

Chère baronne ! il est familier, le Dumonceau. Allez toujours, mon ami ! je ne m'en blesse pas ; vous m'amusez.

SAINT-REMY.

Pardon, Dumonceau ! vous savez que grand'mère est baronne de *Rochevive* ; elle justifie son nom.

DUMONCEAU.

Parfaitement, Saint-Remy ; parfaitement. Madame la baronne, je ne vous en veux pas.

LA BARONNE.

Je le crois bien ; continuez, avec votre charrue.

DUMONCEAU.

Saint-Remy, vous avez été témoin comme elle fonctionnait.

LA BARONNE.

Fonctionnait ! à la bonne heure.

DUMONCEAU.

J'aurais eu certainement le prix, si un des ressorts ne se fût dérangé, celui précisément que j'ai inventé, et pour lequel j'ai pris un brevet de perfectionnement.

LA BARONNE (riant).

Très-bien, Dumonceau ! voilà un ressort mal avisé.

DESGRIEUX.

Je suis témoin, Madame la baronne, du succès obtenu par la charrue de mon ami Dumonceau. L'accident arrivé au ressort est indépendant du mérite de l'invention. Ce mérite lui appartient en propre, car d'ailleurs le charrue de Mathieu Dombasle est depuis longtemps dans le domaine public, et on la perfectionne tous les jours.

LA BARONNE.

Comme Dumonceau avec son ressort ; si bien qu'elle se détraque à chaque perfectionnement.

DUMONCEAU.

Toujours de la malice, baronne.

LA BARONNE.

De mieux en mieux, Monsieur l'inventeur ! On voit bien que vous n'avez pas inventé la politesse.

DUMONCEAU.

Vous êtes piquée, Madame la baronne.

LA BARONNE.

Piquée ! et par vous ? allons donc !

JULIE (voulant couper court à cette discussion).

J'ai écouté avec un vif intérêt cette dissertation, à l'occasion des machines, et particulièrement sur la charrue de M. Dumonceau ; mais l'Exposition et le Concours ne se bornent pas à des machines.

LA BARONNE.

Fort heureusement.

JULIE.

Les beaux-arts y ont leur juste et digne part. J'y ai vu de remarquables tableaux de nos jeunes maîtres, qui n'ont pas dégénéré de leurs anciens de l'école française, et rappellent particulièrement Sébastien Bourdon et Vien, nos illustrations du Midi.

DESGRIEUX.

Je suis heureux de partager les impressions de Madame d'Harcour. Non-seulement j'ai remarqué quelques belles toiles, mais de charmants sujets de genre, spirituellement et gracieusement composés. Les paysages ont beaucoup de mérite aussi.

DUMONCEAU.

Vous êtes galant, Desgrieux, et par conséquent indulgent ; cependant permettez-moi, galanterie à part...

LA BARONNE (à part, à Julie).

Lourdaud ! va !...

DUMONCEAU.

— Permettez-moi, dis-je, d'être sincère. Sans doute, il y a quelques tableaux par-ci, par-là...

LA BARONNE.

Par-ci , par-là ! très-bien , Dumonceau ; voilà parler en vrai
connaisseur.

DUMONCEAU.

Mais qu'est-ce que cela, à côté des galeries du Louvre, du
Luxembourg, de Versailles ? des croûtes , de véritables croûtes.
Parlez-moi de Raphaël, de Michel Ange, du Titien, de Rubens,
du Poussin, de Murillo et de tant de grands peintres de l'anti-
quité ! Voilà les beaux jours de la peinture. Quel siècle que celui
de Périclès !...

LA BARONNE.

Malepeste ! Dumonceau, mais c'est de la plus haute érudi-
tion en fait de peinture. Je ne vous croyais pas si savant.

(Elle rit.)

— De grâce, mon bon ami !... parlez-nous de vos bœufs, de
vos moutons , de vos porcs , qu'on dit superbes. Voilà votre
science à vous : c'est celle d'avoir gagné des millions pour les
engraisser. Vous méritez le prix des bêtes et des écus , et celui-là
en vaut bien d'autres.

DUMONCEAU.

Riez, riez, ma chère baronne : à votre âge, ça fait du bien.

LA BARONNE.

Il se moque de moi, le Dumonceau!

SAINT-REMY.

Vous êtes à deux de jeu, bonne mère. Voyons pourtant : ces
bœufs, ces moutons, ces porcs, dont vous vous moquez, sont
une conquête dans l'industrie agricole. Elle améliore notre prin-
cipale nourriture ; le peuple y a sa part.

LA BARONNE.

Le peuple ! toujours le peuple. Palsambleu ! de mon temps,
nous avions un peuple aussi , qui ne mangeait de la viande

qu'aux fêtes chômées, et ne s'en portait que mieux. Vous nous l'avez gâté, ce peuple, en l'affriandant et en lui créant des besoins de gourmandise et de vanité, par cette industrie que vous vantez tant, qui le démoralise et le ruine.

Et vos chemins de fer ! prônez-les aussi : ils font de belles choses ! De mon temps, le peuple restait chez lui à travailler, et ne sortait que le dimanche pour aller à l'église. Aujourd'hui, il est toujours par voies et par chemins. Le peuple va à Paris comme nous.

SAINT-REMY.

Et pourquoi pas ? C'est une preuve qu'il a de l'argent comme nous, et bien gagné.

LA BARONNE.

Tant pis pour lui.

SAINT-REMY.

Bonne mère ! ne vous échauffez pas tant. Nous aurions beaucoup trop à dire sur ce sujet : chaque époque a sa valeur. La nôtre a créé, il est vrai, des besoins nouveaux, auxquels elle satisfait par des découvertes, des inventions qu'on peut nommer presque miraculeuses, tant elles honorent notre intelligence. Nous créons après Dieu; rendons-lui-en grâces ! Il nous en a doués pour améliorer notre condition sur la terre. Obéissons à cette loi divine du progrès, sans nous laisser arrêter par cette autre loi de notre nature, qu'à côté du bien se trouve le mal. Jouissons de l'un, en nous efforçant d'éviter ou du moins d'affaiblir l'autre.

(Un domestique annonçant.)

LE DOMESTIQUE.

Mme la vicomtesse Desgrieux, M. Duperrin, M. Ernest.

(Il sort.)

— 15 —

SCÈNE III.

LES PRÉCÉDENTS, LA VICOMTESSE DESGRIEUX, DUPERRIN, ERNEST.

(Tous se lèvent, à l'exception de la baronne.)

SAINT-REMY (va au devant de Mme Desgrieux).

J'allais me plaindre à M. le vicomte de votre absence, Madame. Vous nous manquiez, pour prendre votre part d'une controverse fort intéressante dont notre Concours régional est le sujet. Ma bonne mère nous a joliment traités, surtout Dumonceau avec sa charrue. Venez à notre secours.

(Il présente Mme Desgrieux à la baronne, qui s'est levée.)

LA BARONNE.

Votre servante, Madame la vicomtesse.

(Saint-Remy lui avance un fauteuil.)

— J'espère bien, au contraire, que vous vous rangerez de mon parti.

LA VICOMTESSE.

Je m'en fais d'avance un honneur, Madame la baronne.

LA BARONNE.

A vos places, tous.

(On se rassied.)

— Et d'abord à vous, mon cher Monsieur Viperrin.

SAINT-REMY.

Duperrin, gare à vous ! voilà la guerre qui commence.

DUPERRIN.

C'est une gloire pour moi, à laquelle je suis habitué. Il est très-glorieux, en effet, de lutter d'esprit avec Madame la baronne. J'accepte donc avec elle et pour elle le nom de *Viperrin*.

LA BARONNE.

Et il vous est bien donné, mon *bon Figaro méridional*. Vous ne pouviez pas inventer un meilleur titre pour votre petit chiffon de journal. Vos derniers *Coups de lancette* m'ont fort divertie ; notre magnifique Exposition y a eu sa part.

DUPERRIN.

Elle le méritait bien, ma foi !... Je vous recommande le numéro de demain : l'inauguration de nos courses d'Epsom, de Chantilly, de La Marche, sur l'hippodrome poudreux de Riche-paille — charmant village, d'une sécheresse affreuse, — en fera les honneurs.

LA BARONNE.

J'en ai eu un avant-goût, en voyant passer sous mes croisées les fringants équipages de nos beaux et de nos belles, mêlés aux carrioles, aux chars à ânes ! Et nos héros du Jockey-Club ! se pavanant le cigare à la bouche sur leurs haridelles efflanquées, suivis à distance de leurs grotesques grooms, trottant dru, hissés sur des chevaux de labour !

SAINT-REMY.

Humiliez-vous, Duperrin : bonne mère est votre maître en fait de parodie. Voyons cependant. Je prends le côté sérieux de vos charges à la *Dantan*. Ces courses, que vous peignez sous les traits les plus ridicules, ont une grande valeur par les excellents résultats qu'elles produisent dans notre richesse chevaline. Ne vous y trompez pas : ces hippodromes qui se généralisent, en excitant l'émulation des éleveurs, nous dotent tous les ans de bons et beaux chevaux, pour la paix comme pour la guerre.

L'humble village de Richepaille — n'en riez pas aussi, il mérite bien son nom par le magnifique blé qu'il produit — devra sa modeste célébrité à ces courses , pour lesquelles il offre une arène spacieuse. Je vous abandonne quelques caricatures , parmi les héros de notre *turf* ; mais je réclame pour de riches et élégants équipages , surtout pour de charmantes toilettes qui s'y étalaient et que faisaient valoir encore nos plus jolies femmes.

DUPERRIN.

Oh ! jolies !....

LA BARONNE.

Viperrin ! Viperrin ! je vous demande grâce pour nous, ou je me fâche.

SAINT-REMY.

Du moins, si nos belles indigènes ne le désarment pas, je réclame pour une ravissante amazone , dont Dumonceau a eu le bonheur d'être un des chevaliers , Mme la vicomtesse Desgrieux.

LA VICOMTESSE.

Vous êtez trop aimable, **M.** de Saint-Remy ; je n'étais pas seule amazone. Nous nous sommes croisés plusieurs fois avec deux jeunes personnes charmantes , d'une parfaite élégance , qu'accompagnaient deux cavaliers de fort bonne mine.

LA BARONNE.

C'est la famille Durosay : le père, le fils et les deux demoiselles. Pas mal ! pas mal. C'est une bonne petite noblesse de campagne qui mérite quelque estime, à la différence de nos prétendus nobliaux , jadis marchands de farine ou d'épices , de père en fils ; cela se permet la particule , parce qu'ils ont quelques écus ; qu'ils les gardent, ma foi !....

DUPERRIN.

Mais gare à la loi ! et à Figaro !

LA BARONNE.

Je vous les livre , Viperrin ; saignez-les à blanc. Assez de *turf*, de *gentlemen-ridders* , de *steeple-chase* , de *handicap* , comme ça. J'ai en horreur ce baragouin d'importation anglaise, que nous avons le mauvais goût d'estropier, par cette bête d'anglomanie.

Parlons des Orphéons : oh ! pour ceux-là, je les prends sous ma protection. Viperrin ! gardez-vous d'y toucher.

Voyons, Julie ; es-tu muette ? Tu n'as pas dit un mot encore ; te voilà sur ton terrain, toi, grande musicienne.

JULIE.

J'écoutais avec un grand intérêt vos malices, si spirituelles, si gaies ; les très-vifs coups de lancette de notre *saigneur* Figaro m'ont beaucoup diverti.

LA BARONNE (riant).

Ah ! le *saigneur* Viperrin, le mot est parfait. Tu fais aussi des calembourgs, petite-nièce, avec ton air innocent !

JULIE.

Permettez-moi cependant d'être de l'avis de mon cher oncle, qui prend toujours le bon et beau côté des choses. Je me donne le ridicule d'être sérieuse parfois ; n'est-ce pas M. Duperrin ?

DUPERRIN.

Et vous aussi, Madame ! heureusement les piqûres de votre charmant esprit sont douces. La bonté de votre cœur est le baume qui en fait chérir la guérison.

LA BARONNE.

Défie-toi, Julie : Viperrin n'est jamais plus dangereux que lorsqu'il feint le galant.

A nos Orphéons, s'il vous plaît.

JULIE.

J'ai assisté à la répétition générale de la belle cantate d'Ambroise Thomas : *France !* vous savez mon faible pour lui ; mon impression a été très-vive. Ces trois mille voix font un puissant effet, même en plein air : on est frappé de leur ensemble.

LA BARONNE.

Trois mille! Grand Dieu! mais c'est une armée. Elle a défilé hier sous nos croisées; j'avoue qu'ils m'ont charmé par leur bonne tenue, leur propreté. Cette variété de bannières, fort riches, ma foi! et de bon goût pour des paysans, des ouvriers, offrait un spectacle très-curieux. C'est certainement une des choses les plus intéressantes de votre Concours régional, Messieurs les inventeurs et les metteurs en œuvre; je vous en fais mon compliment, particulièrement à vous, Saint-Remy, vous, un de ses grands organisateurs.

SAINT-REMY.

Bonne mère! savez-vous ce qu'il y a d'excellent dans cette institution — car c'en est une, sous son apparence de frivolité musicale et d'ostentation? — c'est qu'elle n'est pas seulement une école de solfège, qui paraît au moins inutile pour la classe ouvrière, vivant de travail au jour le jour; c'est surtout un lien entre elle, dont l'effet est d'en resserrer les rapports, de les adoucir et d'en accroître l'intimité. C'est une diversion agréable faite aux rudes labeurs du jour, et un sujet d'émulation dans le développement des dons heureux dont Dieu nous a doués tous, riches et pauvres. Voilà le vrai, le bon, le noble côté des Orphéons, et de leurs luttes mélodieuses : elles ont aussi leur genre de gloire.

DUPERRIN.

Ce cher Saint-Remy! il est toujours le même, avec son optimisme. Mais, mon bon Pangloss! vous avez des oreilles pourtant : comment peuvent-elles résister à une pareille cacophonie? Ah! pardon! chère Mme d'Harcour! j'oubliais...

LOUISE (très-vivement).

Pour cette fois, c'est moi qui vous répondrai, **M. Duperrin**. J'ai des oreilles aussi, je crois.

DUPERRIN.

Et charmantes.

LOUISE.

Charmantes, c'est possible ; mais très-délicates, c'est sûr, et, sans vous faire tort, autant que les vôtres, qui... pardon, j'allais dire une sottise...

LA BARONNE.

Qui sont bien longues, n'est-ce pas ? j'achève ta pensée.

LOUISE.

Oh ! vous, bonne maman, vous en avez le droit.

DUPERRIN.

Bravo ! bravo ! Mademoiselle Louise chasse de race.

LA BARONNE.

Viens m'embrasser, méchante !
(Louise et la baronne se lèvent. Tous se lèvent. Louise embrasse la baronne.)

LOUISE.

Vous n'êtes pas fâché, **M. Duperrin**.

DUPERRIN.

Fâché, moi ! non, chère demoiselle ! Je me renierais moi-même, moi Figaro, et Figaro méridional, si je pouvais me sentir blessé par une petite malice, sortant d'une si jolie bouche. Je fais amende honorable : mes longues oreilles ne sont pas dignes de goûter la suave harmonie des trois mille gosiers de nos ros-signols villageois ou des ateliers ; je les boucherai même, pour m'en priver d'une manière plus sûre ; mais, par compensation, j'ouvrirai de grands yeux, pour jouir du spectacle très-divertissant de leur procession et de leurs bannières. Voici bientôt l'heure, Mesdames, nous sommes à vos ordres.

SAINT-REMY (à Raymond).

Veux-tu sonner, Raymond ?

(Raymond sonne. Un domestique paraît.)
(Au domestique.)

— La voiture de M. Desgrieux et celle de M. Dumonceau sont-elles arrivées ?

LE DOMESTIQUE.

Elles entrent à l'instantvdans la cour ; celle de Monsieur est prête aussi.

SAINT-REMY.

Nous descendons.

(Le domestique ouvre la porte du fond à deux battants.)

— Le bras aux dames, Messieurs.

DUPERRIN va offrir son bras à la baronne.

Voulez-vous de votre victime, Madame la baronne ?

LA BARONNE.

Je regrette de vous refuser, mon bon Figaro, car je vous aime au fond du cœur ; mais je garderai la maison.

(Pendant que Duperrin offre son bras à la baronne, Dumonceau offre le sien à Mᵐᵉ Desgrieux et Desgrieux à Julie, Ernest à Louise.)

LOUISE.

Merci, Ernest, je reste avec bonne maman.

LA BARONNE.

Mais vas donc ! Louise.

LOUISE.

Vous me permettez bien de rester ! J'ai entendu avec Julie la répétition générale, cela me suffit ; j'aime mieux vous tenir compagnie.

LA BARONNE.

Avec Raymond ! petite rusée. Allons, soit. Mesdames, vous nous conterez comment tout se sera passé. Je me défie avec Duperrin de l'optimisme de Saint-Remy. Je m'en rapporterai à vous et à M. Desgrieux. Quant à Dumonceau, c'est un bon gros garçon, qui se connaît mieux en charrues qu'en musique.

DUPERRIN.

Remerciez, Dumonceau.

DUMONCEAU.

Merci, Madame la baronne.

(Ils sortent, à l'exception de la baronne, de Louise, de Raymond et d'Ernest.)

SCÈNE IV.

LA BARONNE, LOUISE, RAYMOND, ERNEST.

LA BARONNE.

Et toi aussi, Ernest, tu vas me tenir compagnie? Dans ce cas, viens, mon garçon ; car je crois que nous sommes de trop tous deux ici.

LOUISE.

Pourquoi, bonne maman?

LA BARONNE.

Tu oses me demander pourquoi ! mais est-ce que je n'ai pas vu tous les petits chuchotements pendant nos belles discussions agricoles, économiques et artistiques?

LOUISE.

Ah ! par exemple ; nous avons écouté sans dire un mot.

LA BARONNE.

Surtout depuis qu'Ernest est entré avec son excellent ami et patron le Viperrin. Prends garde Raymond ! tu sais le proverbe : « *Qui se ressemble s'assemble* ».

ERNEST.

C'est à mon tour à présent ! J'espère, mon cher Raymond, que tu ne t'émeus pas de cette plaisanterie. Bonne maman est en verve aujourd'hui.

Quant à Louise, nous nous connaissons trop bien, n'est-ce pas? gentille cousine.

LOUISE.

Oui, gentil cousin ; nous nous connaissons depuis longtemps, et je sais t'apprécier.

LA BARONNE.

Bravo, Louise ! tu fais bien de lui river son clou, à cet apprenti Cicéron des cours d'assises. Touche là, Ernest.

(Elle lui présente la main.)

— Tu es un garçon d'esprit ; mais ne sois pas trop méchant ; tu sais qu'avec moi on n'y gagne rien. Je suis, pour toi comme pour tous, bonne maman, mais non pas toujours maman *bonne*. Allons, je vous laisse, mes enfants ; arrangez-vous ensemble.

(Elle rentre dans son appartement à gauche.)

SCÈNE V.

Les précédents, moins la Baronne.

ERNEST.

Notre arrangement sera bien facile. Tu es ma charmante et bonne petite cousine. Quand je dis *bonne*, un peu comme bonne maman ; tu chasses de race.

LOUISE.

Tu veux dire, nous chassons.

ERNEST.

Soit ! mais ce n'est pas une raison pour que Raymond se défie de moi.

RAYMOND.

M'en défier ! pourquoi ? Je te crois trop d'honneur et de délicatesse pour concevoir la moindre pensée qui pût me donner de l'ombrage. Cependant, ta première impression, dès que tu as appris mon mariage avec Louise, ma chère cousine aussi, a été toute de froideur, et plus que cela peut-être.

ERNEST.

Je ne m'en cache pas : j'aimais Louise comme toi, je ne dirai pas plus que toi ; et... j'avais pu croire qu'elle m'aimait aussi.

LOUISE.

Oui, de bonne amitié ;.. mais...

ERNEST.

Mais pas d'amour, n'est-ce pas ?

LOUISE.

C'est vrai.

ERNEST (dont le dépit a peine à se contenir).

Voilà de la sincérité ;.. c'était,.. c'est dur à apprendre et à
entendre.

LOUISE.

Je te l'ai cependant dit bien souvent.

ERNEST.

Trop souvent !... mais enfin, il m'a fallu un certain temps
pour m'y habituer : j'ai fini par y croire.

RAYMOND.

Ah ! tu n'y croyais pas d'abord ?

ERNEST.

Que veux-tu? on peut se flatter; mais aujourd'hui je suis
convaincu.... Décidément, Louise ne m'a pas aimé; et voilà
pourquoi tu n'as pas à me craindre. Je ne puis plus être que son
ami,... du moment que tu dois être son mari.

RAYMOND.

J'y compte bien !...

ERNEST (comme par réflexion).

Au fait, bonne maman a raison; n'est-ce pas Louise, je suis
de trop ici?

LOUISE.

Je ne dis pas...

ERNEST.

Tu n'oses pas dire *oui*; mais tu ne dis pas *non!*... Allons,
je suis bon enfant, je m'exécute en brave... Adieu! Étes-vous
contents?

(A Raymond en lui présentant la main.)

— Sans rancune, n'est-ce pas?

RAYMOND (lui serrant la main).

Comment! merci! au contraire.

(Ernest sort.)

SCÈNE VI.

RAYMOND, LOUISE.

LOUISE.

Il a bien de l'esprit, notre cher cousin.

RAYMOND.

Trop, Louise : l'essentiel c'est qu'il ait du cœur.

LOUISE.

Oh! pour cela je crois bien que... mais...

RAYMOND.

Mais, dis-tu?

LOUISE.

Voilà que la jalousie te reprend. — Ce *mais* ne signifie pas autre chose, sinon qu'on ne se débarrasse pas comme on veut quand on aime; et comme Ernest m'a aimée... (il en avait le droit aussi...

RAYMOND.

Et qu'il a pu croire que tu l'aimais...

LOUISE.

Entre enfants, comme nous l'étions, on peut bien s'y tromper;.. mais je ne m'y trompais pas, moi.

RAYMOND.

Eh bien !

LOUISE.

Eh bien ! il a pu rester encore un peu de cet amour d'enfant dans le cœur d'Ernest ; tandis que dans le mien il n'y a jamais eu que de l'amitié.

RAYMOND.

Bien vrai ?...

LOUISE.

Raymond ! Raymond ! ne sois pas jaloux, je t'en prie.

(Un domestique.)

LE DOMESTIQUE.

Mademoiselle, votre maîtresse de piano est au salon.

(Il sort.)

LOUISE.

Viens, tu entendras notre belle sonate de Mendelsohn, à quatre mains : c'est pour l'anniversaire de bonne maman, que nous fêtons lundi.

(Elle prend Raymond par la main. Raymond lui baise la main.)

RAYMOND.

Tu es un ange, Louise !...

(Ils sortent par le fond.)

FIN DU PREMIER ACTE.

ACTE DEUXIÈME

Le théâtre représente un joli salon de travail, dans un pavillon donnant sur un jardin, qu'on aperçoit des croisées par des glaces sans tain.

Au milieu est une table, garnie d'un tapis vert, et sur laquelle sont étalés de nombreux journaux.

Des deux côtés sont placés deux petits bureaux de travail.

Au lever du rideau, Duperrin et Ernest sont assis autour de la table, et parcourent les journaux.

SCÈNE PREMIÈRE.

DUPERRIN, ERNEST.

DUPERRIN.

Ce lambin de Durand est toujours en retard de m'envoyer les épreuves. J'ai beau le gronder, il n'en tient pas compte ; il abuse de ma faiblesse. Mais c'est un brave homme, et qui fait bien.

ERNEST.

Il a d'ailleurs une jolie femme.

DUPERRIN.

Mauvais sujet ! c'est tout jeune — vingt-quatre ans —, et cela a déjà toute la perversité...

ERNEST.

Des hommes faits et des maris : attrape !

DUPERRIN.

Digne élève ! Je regrette que ta maligne petite cousine n'ait pas voulu de toi ; tu lui en aurais fait voir de cruelles.

ERNEST.

Comme toi, à ta bonne et douce Mathilde.

DUPERRIN.

Avec cette différence que Mathilde est une excellente nature, qui ne s'occupe que de son ménage et de nos marmots ; tandis que Louise t'aurait rendu, comme on dit, la monnaie de ta pièce, et avec usure.

ERNEST.

Peut-être !

DUPERRIN.

Ce peut-être sent bien le regret.

ERNEST.

Je l'avoue. J'ai sur le cœur moins d'affection pour Louise que de haine contre Raymond, qui me l'enlève.

DUPERRIN.

Aussi, gare à lui ! A la bonne heure ! mon garçon : la vengeance est le plaisir des dieux. Je t'y aiderai, et tu sais si j'y suis expert.

ERNEST.

Digne maître !

DUPERRIN (lisant le *Figaro*).

Voyons ce que chante aujourd'hui notre chef de file, le vaillant petit-fils du héros de Beaumarchais..... Pas mal ! pas mal !

ERNEST (lit le *Gaulois*).

Et le *Gaulois* , avec sa brosse rude, quel éreinteur!... Il faut convenir que nous sommes de petits garçons en province.

DUPERRIN.

L'esprit n'y manque pas, Dieu merci! En France, il court les rues; c'est la pâture qui fait défaut. Tandis qu'à Paris, *Figaro*, *Gaulois* et consorts se nourrissent de pain de gruau, nous, pauvres glaneurs provinciaux , nous sommes réduits au biscuit de seigle. Et pourtant on peut encore lui donner quelque saveur. Notre Midi surtout offre des types fort piquants à étudier et à produire, comme nature et mœurs; nos théâtres surtout sont une bonne fortune pour les amateurs d'éreintement.

ERNEST.

Et pour les *Alphonse* des *Favorites* !

DUPERRIN.

Ernest! Ernest! tu deviens mauvaise langue.

ERNEST.

Allons donc! tu t'en fais honneur. D'ailleurs le bruit n'en va pas jusqu'à ta paisible récluse. Il ne monte pas de ce sanctuaire discret retiré au fond du jardin, jusqu'à l'honnête salon de l'épouse et à sa chambre à coucher.

DUPERRIN.

Veux-tu te taire!... On vient.

SCÈNE II.

VICTOR.

Monsieur, voici les épreuves.

(Ils se lèvent.)

DUPERRIN.

Victor, dis au porteur de ne venir les reprendre que ce soir à sept heures. — Personne n'est venu?

VICTOR.

Pardon, Monsieur; M. Blinval vous a demandé. Je lui ai répondu que Monsieur était sorti, comme vous me l'aviez ordonné.

DUPERRIN.

Il est vexé de son fiasco au fameux : *Suivez-moi !..* C'est bien, Victor.

(Victor sort).

SCÈNE III.

ERNEST.

Mais aussi tu le *travailles* trop, ce pauvre Blinval, et quelque beau jour il pourrait bien te prendre à partie.

DUPERRIN.

Lui ! allons donc! Je le forcerai à résilier; c'est un service à lui rendre.

ERNEST.

Dont il se passerait bien.

DUPERRIN.

Qu'il retourne à ses chasseurs d'Afrique, qu'il n'aurait jamais dû quitter. Parce qu'on a quelque voix, qu'on aime la musique, on s'imagine devenir un *Dupré*, un *Tamberlick*, et, de sous-lieu-tenant, on s'engage pour un *ut* de poitrine.

ERNEST.

N'importe ! tu es trop dur envers lui. Blinval a une voix char-mante ; il chante bien, et, s'il se corrige de ses cris à la *Verdi*, qui finiront par briser tous les poumons, ce sera un de nos pre-miers ténors. De plus, il est joli homme, ce qui ne gâte rien.

DUPERRIN.

Tu l'as pris sous ta protection, et moi je ne puis le souffrir.

ERNEST.

Dis la véritable raison : tu en es jaloux, et tu crains pour ta chère *Linda*, cette trop sensible *Valentine*, qui voit d'assez bon œil son *Raoul*. J'y suis, n'est-ce pas, mon maître ?

DUPERRIN.

C'est un motif de plus. Il déguerpira, foi de Viperrin, comme dirait notre archi-douairière.

SCÈNE IV.

LES PRÉCÉDENTS, LINDA.

LINDA.

Bonjour, les amis. J'entre sans me faire annoncer.

DUPERRIN.

Tu en as le droit, ma belle.

(Il lui baise la main.)

LINDA.

Paul, j'ai à te parler. Viens t'asseoir.

(Elle s'assied sur la causeuse placée à côté du bureau de Duperrin.)

— Viens donc ! ne faut-il pas te prier ?

ERNEST.

Suis-je de trop ?

LINDA.

Toi, petit ! jamais. J'aborde tout droit la question. Sais-tu que je suis jalouse !

DUPERRIN.

De qui ?

LINDA.

Fais l'étonné ! C'est de ta prétendue vicomtesse, qui se pavane dans ton avant-scène, avec son grand dada de vicomte au lorgnon, et le gros sigisbée, le Dumonceau.

DUPERRIN.

Linda ! tu as une intempérance de langue... Mme Desgrieux est charmante, sans doute ; son mari a une excellente tenue. Quant à Dumonceau, je te l'abandonne.

LINDA.

Qu'en ferais-je? — Voyons, Paul, ne plaisante pas. Ta vicomtesse me déplaît; et, veux-tu que je te le dise? elle me rappelle une de ces *pêches tarées* qui personnifient le demi-monde, si spirituellement photographié par Dumas second. Sa prétention à la dignité ne me trompe pas. J'ai de bons yeux; je la surveillerai.

DUPERRIN.

Tu rêves, mon enfant!

LINDA.

C'est possible; mais, rêve ou non, je t'en prie, mon petit Paul! débarrasse-moi de cette *pêche* à demi-flétrie, dont la jumelle insolente m'agace les nerfs, à ce point de me faire fausser. Elle a été cause que j'ai été chutée dans mon grand duo avec Raoul. Je te préviens que si cela lui arrive encore, je fais un coup de tête, je me marie; oui, je me marie!...

ERNEST.

Tu entends, cher ami! et avec qui, ma belle?

LINDA.

Parbleu! avec qui? avec Blinval, je l'aime, lui!...

DUPERRIN.

Ah! tu l'aimes!... Et bien! prends-le.

LINDA.

Ne m'en défie pas.

DUPERRIN.

Pauvre enfant! il ne voudrait pas de toi. Un cadet de noble et ancienne famille! un Mac-Gregor! d'illustre maison Irlandaise!... un sous-lieutenant aux chasseurs d'Afrique!

LINDA.

La belle affaire !... on a bien vu des rois épouser des ber-
gères, et des *Stolz*, des *Falcon* devenir comtesses et ambassa-
drices. Enfin, songes-y bien, tu sais que j'ai une tête...

— Adieu ! Paul.
(Elle se lève; tous se lèvent.)

(A Ernest.)

— Au revoir ! petit.

(Victor entre et annonce.)

VICTOR.

Madame la vicomtesse Desgrieux, M. Dumonceau.

SCÈNE V.

LES PRÉCÉDENTS, LA VICOMTESSE, DUMONCEAU.

(Victor sort.)

(Duperrin s'avance galamment vers Mᵐᵉ Desgrieux.)

LA VICOMTESSE.

Vous nous excusez, M. Duperrin, de venir vous surprendre
dans votre retraite littéraire et artistique. Elle justifie bien ce
nom. Nous sortons de chez Madame Duperrin, qui a bien voulu
nous recevoir avec sa grâce et sa bonté ordinaires.

(Apercevant Linda.)

Pardon, Madame, je n'avais pas eu l'avantage de vous voir en
entrant, vous, notre ravissante *prima donna*, que je suis toujours
heureuse d'applaudir.

LINDA (avec un ton d'ironie).

Vous me faites honneur, *Madame la vicomtesse.*

DUPERRIN.

C'est moi qui vous remercie, Madame, de cette très-agréable
surprise. Mademoiselle Linda veut bien me faire quelques visites.

Elle sait tout l'intérêt que je prends à elle, et combien je prise son beau talent.

LINDA (à part).

Monstre!...

(Haut. Avec un dépit marqué.)

—Oui, *Madame la vicomtesse*, M. Duperrin — *Figaro* — veut bien me faire l'honneur de me protéger.

LA VICOMTESSE.

C'est lui qui doit être fier de sa protégée.

DUMONCEAU.

Elle est toute spirituelle, notre chère *diva?*

LINDA (à part).

Jusqu'à ce gros Dumonceau qui a l'air de se moquer de moi.

(Haut.)

—Il ne me manquait que le suffrage de M. Dumonceau, très-fin connaisseur en musique et en esprit.... Pardon, *Madame la vicomtesse*, de vous quitter; mais l'heure de la répétition me presse.

LA VICOMTESSE.

Dans quel ouvrage?

LINDA.

Le *Prophète*.

LA VICOMTESSE.

Vous serez bien belle, mais bien jeune, dans le magnifique rôle de Fidès.

LINDA.

Je sais me grimer, *Madame la vicomtesse*.

DUMONCEAU (riant).

Au moral comme au physique, je vous donne Linda...

(Sur un mouvement de Linda.)

—Mille excuses, ma charmante! je vous donne Mademoiselle

Linda pour une habile magicienne ; elle fait d'elle tout ce qu'elle veut.

(Il rit.)

LINDA (à part).

Gros bêta !

(Haut.)

— M. Dumonceau est en verve, *Madame la vicomtesse* ; il me permettra de lui dire que, toute magicienne que je sois, j'aurais quelque peine à le transformer. — Attrape !....

DUMONCEAU.

Elle a de la malice comme un démon.

LA VICOMTESSE.

Dites comme un ange.

LINDA.

J'ai l'honneur d'être votre très-humble servante, *Madame la vicomtesse*.

(Elle fait une profonde révérence.)

— Je vous salue, Messieurs.

(Elle sort.)

SCÈNE VI.

LES PRÉCÉDENTS, moins LINDA.

LA VICOMTESSE.

Qu'a donc aujourd'hui Mademoiselle Linda ? elle paraissait tout émue, et me regardait avec des yeux qu'on eût dit irrités. Aurais-je eu le malheur de lui déplaire ?

DUMONCEAU.

Vous êtes belle, chère vicomtesse, et entre femmes cela ne se pardonne pas.

LA VICOMTESSE.

Je ne me croyais pas si coupable envers elle.

DUPERRIN.

Veuillez l'excuser, Madame, c'est une tête folle qui me donne bien du mal par ses incartades envers le public.

LA VICOMTESSE.

Elle me paraît au mieux avec son *Raoul*.

DUPERRIN.

Vous croyez ?

DUMONCEAU.

La vicomtesse s'y connaît, mon cher Duperrin. Tu pourrais bien jouer auprès d'elle le rôle de *Nevers*.

(Il rit de son gros rire.)

DUPERRIN (à part).

Et toi d'un gros niais. Attends !

(Haut.)

— Permettez-moi de vous demander, Madame, ce qu'est devenu M. Desgrieux ? Je le trouve bien imprudent de vous laisser ainsi exposée aux perfidies de notre trop dangereux Lovelace.

DUMONCEAU.

Il est piqué, notre bon Duperrin.

LA VICOMTESSE (jouant l'ingénuité).

Mon Dieu ! vous m'y faites songer. Ce n'est pas que je craigne ce que vous appelez *des perfidies* de la part de M. Dumonceau. Il a l'air si bon, si franc, si honnête. Il nous a reçus chez lui avec une hospitalité toute cordiale, comme si nous étions de la famille.

DUMONCEAU.

Chère vicomtesse ! c'était un honneur pour moi, et un devoir, après toutes les charmantes politesses dont vous m'avez comblé à Paris, avec l'excellent vicomte.

LA VICOMTESSE.

C'est bien le moins, en retour de toutes vos prévenances et et de votre parfaite galanterie.

Nous sommes de vieilles connaissances avec le digne **M. Du**monceau. Voilà trois ans que nous nous donnons rendez-vous à Bagnères-de-Luchon, où nous avons eu le bonheur de le rencontrer une première fois. Depuis ce moment, c'est une amitié qui tient presque de la parenté la plus proche.

Oui, mon cher Monsieur Duperrin, avec lui je suis presque aussi sûre qu'avec un frère; et cependant je ne vous remercie pas moins de votre sage observation. Nous devons prendre en considération les usages, les mœurs, je pourrais dire les préjugés de la province; il faut savoir les respecter. A Paris, rien de plus simple que cette intimité de rapports. Personne ne s'enquiert de ce que vous êtes, de ce que vous faites. En province, tout le monde se connaît, et l'on peut justement s'étonner de nous voir en quelque sorte tenir la maison de notre cher ami.

DUMONCEAU (avec exaltation).

Oui, de votre cher, de votre bon ami, charmante *Hortense !*

LA VICOMTESSE (souriant).

Mon bon ami ! et puis *Hortense !* Ah ! Dumonceau... — vous voyez que je vous rends familiarité pour familiarité.... Heureusement, nous ne sommes ici qu'entre nous. Décidément, vous me compromettriez sans le vouloir, et nous allons prendre un appartement à l'hôtel.

DUMONCEAU.

Ah ! par exemple, je ne le souffrirai pas. Vous ne voyez pas que Duperrin fait le mauvais plaisant. Je voudrais bien que quelqu'un s'avisât de trouver à redire à votre séjour chez moi. Je suis bon enfant, mais Duperrin vous dira qu'il ne faut pas me tirer un poil de la moustache.

DUPERRIN.

Oh ! je vous le donne pour un brave : c'était un des bons élèves de Grizier. Mais permettez-moi de revenir sur l'absence de M. Desgrieux ; je répète ma demande : qu'en avez-vous fait, Madame?

LA VICOMTESSE.

Il nous a quittés en sortant de chez Madame Duperrin, pour aller au cercle : il y passe les trois quarts du jour.

DUMONCEAU.

Et il y fait de bonnes affaires : il est d'un bonheur insolent , mais beau joueur, ne refusant jamais une revanche; il y a vraiment plaisir à se laisser gagner par lui.

DUPERRIN (à part, à Madame Desgrieux).

Envoyez Dumonceau le rejoindre : nous avons à vous parler avec Ernest.

ERNEST (qui l'a entendu).

J'ai gardé le silence pendant cette très-intéressante explication sur l'intimité toute fraternelle des rapports qui se sont formés entre M. et M\u1d50\u1d49 Desgrieux et l'heureux Dumonceau. Mais je me permets de faire remarquer à Madame la vicomtesse que voici bientôt l'heure de la promenade , et je m'offrirais pour aller chercher M. Desgrieux, si je ne craignais d'être indiscret.

DUMONCEAU.

C'est moi qui vais vous l'amener.

DUPERRIN.

Ne le pressez pas trop pourtant, s'il est en bonne veine.

DUMONCEAU.

A bientôt !

(Il sort.)

SCÈNE VII.

LES PRÉCÉDENTS, moins DUMONCEAU.

DUPERRIN.

A nous trois à présent, ma charmante ! Et nous aussi, nous nous connaissons depuis longtemps. Vous avez, j'espère, gardé un bon souvenir de l'*hôtel des Princes*.

LA VICOMTESSE.

Vieux mauvais sujet !

DUPERRIN.

Mauvais sujet ! j'accepte : mais vieux ! non. Quarante ans, c'est le bel âge de la galanterie.

LA VICOMTESSE.

Et de la méchanceté.

DUPERRIN.

Soyez plus indulgente, Madame la vicomtesse Desgrieux, vous, la très-digne émule de cette *Albertine*, femme d'affaires s'il en fut. Quand je dis *émule*, plutôt maîtresse ; vous lui en auriez remontré.

Elle fit la bêtise d'épouser un chevalier d'industrie, parfaitement dégradé, mais qui était *de famille* et lui donnait un nom, croyant le conduire en laisse. Mais le cher vicomte — car c'était bien un vrai vicomte — lui a bientôt prouvé qu'en fait de combinaisons financières, elle n'était qu'une enfant, et trois ans lui ont suffi pour dévorer les quarante mille francs de rentes si laborieusement amassés par la vicomtesse. C'est bien fait, ma foi ! il a noblement vengé ses victimes.

La leçon vous a profité, ma chère! Vous aussi, vous avez pris un vicomte, mais de contrebande et sans *contrat*. Et comme il pourrait se faire que votre digne chaperon eût quelque beau jour maille à partir avec la justice, vous avez eu la très-sage pensée de venir *travailler* en province, sous le couvert de ce niais de Dumonceau, qui vaut à votre vicomté l'ouverture de nos premiers salons.

LA VICOMTESSE.

C'est parler en homme qui connaît son monde, mon vieil ami. Oui, vieux! je persiste. Voyons, qu'y a-t-il pour votre service? Je m'en doute; cependant parlez.

DUPERRIN.

Vous avez été témoin de la manière dont me traite cette archi-vieille folle, baronne de Rochevive.

LA VICOMTESSE.

Elle vous a bien nommé : mon *bon Viperrin*.

DUPERRIN.

Elle paiera cher ce nom, je vous jure! non pas en personne, ce n'est pas la peine pour quelques jours qui lui restent à vivre, mais dans son grand prédicateur de petit-fils, le plus ennuyeux, le plus verbeux de nos docteurs économistes provinciaux; puis sa très-digne nièce la prude consommée, qui joue le sentiment et la vertu; enfin cette petite friponne de Louise, et son orgueilleux Raymond. N'est-ce pas, Ernest, qu'ils ont une cruelle dette à nous payer?

ERNEST.

J'écoute et j'admire, mon maître.

LA VICOMTESSE.

Voilà de grands projets, Duperrin, mais bien périlleux ; non pas pour vous, qui avez une réputation de méchanceté faite et

une position de famille et de fortune qui vous met à l'abri de
tout démêlé avec la société et la misère, sauf quelque bonne
volée de bois vert, un coup d'épée ou de pistolet. Mais moi,
qui ai si bien établi ma réputation de dignité, de bonté, de
grâce, de manière à me faire rechercher dans les plus hauts
lieux, et mon pauvre vicomte, qu'on prend pour modèle de dan-
dysme parisien, que deviendrons-nous dans cette lutte entre le
Bertram gascon et l'*Alice centenaire* escortée de tous les siens?

DUPERRIN.

Soyez sans crainte, ma tout aimable! Nous arrangerons si
bien les choses que vous n'en serez que plus aimée et fêtée : j'en
prends la responsabilité. C'est une comédie à jouer, et vous y
aurez le beau rôle, celui de la *Princesse de Sicile* ; et voici mon
Robert : n'est-ce pas, Ernest?

ERNEST.

Je vous admire de plus en plus, diabolique chevalier *Bertram*.

LA VICOMTESSE.

Allons, je me risque. J'aime les aventures ; et puis j'ai les
prudes en horreur.

DUPERRIN.

Et pour bonne raison. On vient : silence!

SCÈNE VIII.

LES PRÉCÉDENTS, SAINT-REMY.

SAINT-REMY.

Vous, Madame! dans ce repaire de malice! Est-ce pour en
convertir les sectaires, et les ramener au culte de la bonté et de
l'indulgence?

DUPERRIN.

Vous voyez, Madame la vicomtesse, comment on nous traite !
et c'est un ami !...

LA VICOMTESSE.

J'ai donc à me justifier, Monsieur de Saint-Remy, de ma présence dans ce très-séduisant *repaire*, où tout révèle, sinon le
culte de la bonté, du moins celui de l'esprit, des lettres et des
arts : le mot *temple* lui siérait mieux. Je descendais avec M. Desgrieux et M. Dumonceau de chez Madame Duperrin, et j'avoue
qu'un peu de curiosité m'a fait désirer de connaître ce sanctuaire
redouté, et de dire bonjour au demi-dieu qui y rend ses oracles.
J'attendais, en les écoutant, le retour de M. Desgrieux, que
M. Dumonceau a bien voulu aller reprendre au cercle.

Ces messieurs se font beaucoup trop désirer, et j'allais prier
M. Ernest de me reconduire jusqu'à ma voiture, pour ne pas
abuser de la très-gracieuse hospitalité de M. Duperrin, et un peu
par crainte aussi de subir l'influence de l'air qu'on y respire : la
malice est, dit-on, contagieuse.

SAINT-REMY.

On n'est pas plus prudente et plus spirituelle.

DUPERRIN.

N'est-ce pas ? Saint-Remy.... Merci ! belle dame. Mais en fait
de malice, permettez-moi de compter sur la vôtre, si son secours
m'est jamais nécessaire.
(A Ernest.)
— Ernest, après avoir reconduit Madame la vicomtesse à sa
voiture, va toi-même ramener nos traînards chez Dumonceau,
où j'irai les prendre pour aller à la promenade. Le temps est
superbe ; nous y verrons de charmantes toilettes, dignes du bois
de Boulogne dans ses meilleurs jours.

LA VICOMTESSE.

Vos dames y vont-elles , Monsieur de Saint-Remy?

SAINT-REMY.

Elles m'attendent pour les y conduire au sortir de chez Duperrin.

LA VICOMTESSE.

Nous nous y verrons donc.

SAINT-REMY.

Ce sera un plaisir pour elles et un honneur pour moi.

LA VICOMTESSE.

A bientôt, Messieurs.

(Elle fait un salut gracieux et sort avec Ernest.)

SCÈNE IX.

DUPERRIN, SAINT-REMY.

SAINT-REMY.

Asseyons-nous , Duperrin ; j'ai à vous parler d'une visite que je viens de recevoir, ou plutôt Raymond l'a reçue. Je m'y suis trouvé en tiers, et je m'en félicite.

(Ils s'asseyent sur la causeuse.)

DUPERRIN.

Je vous écoute.

SAINT-REMY.

Il s'agit de Blinval, notre premier ténor.

DUPERRIN.

Et c'est pour moi qu'il est venu chez vous? et pour parler à
Raymond?... C'est curieux à entendre.

SAINT-REMY.

Vous voulez dire sérieux.

DUPERRIN.

Au fait, Saint-Remy.

SAINT-REMY.

Vous savez que Blinval a servi avec Raymond dans le premier
régiment de chasseurs d'Afrique; Raymond comme lieutenant, et
Blinval sous-lieutenant, dans la même compagnie; ils étaient fort
bons camarades.

DUPERRIN.

Oui; après.

SAINT-REMY.

Tous deux ont quitté le service : l'un pour se marier, l'autre
par passion pour le théâtre.

DUPERRIN.

Il eût beaucoup mieux fait de rester au régiment.

SAINT-REMY.

Peut-être! En France, les braves ne manqueront jamais : le
courage court les rues. Il n'en est pas de même des ténors : ils
deviennent de plus en plus rares.

DUPERRIN.

Non pas les mauvais; on n'entend que cela.

SAINT-REMY.

Vous, sans doute, grand connaisseur !

DUPERRIN.

Nous parlons sérieusement, m'avez-vous dit, Saint-Remy.

SAINT-REMY.

Très-sérieusement, je le répète. Or, comme les profanes ne partagent pas votre opinion sur Blinval, qui est fort goûté du public....

DUPERRIN.

Belle garantie !... le public !...

SAINT-REMY.

Blinval, qui l'accepte cette garantie, et s'en honore, est très-blessé, non pas d'une critique qui ne serait que juste et mesuré dans son expression, mais de la violence de vos attaques, et des moyens employés pour le troubler lorsqu'il est en scène, de manière à lui enlever la bienveillance et le suffrage de ce public auquel il a consacré sa vie.

DUPERRIN.

Qu'il s'adresse au *Figaro* ; on lui répondra.

SAINT-REMY.

Voyons, mon cher Duperrin, pas d'équivoque. Le *Figaro*, c'est vous ! vous qui l'inspirez, sous un pseudonyme, il est vrai, mais que vous couvrez de votre responsabilité personnelle. C'est donc à vous, et non à votre rejeton du trop célèbre *Figaro*, qu'on doit s'adresser pour réclamer contre tout ce qui excède le droit de la critique.

DUPERRIN.

Soit !...

SAINT-REMY.

Or, Blinval se trouve vivement offensé de votre dernier article, dans lequel, au milieu de vos sarcasmes les plus amers, vous rappelez précisément son abandon de la carrière militaire , et vous attribuez cet abandon à des motifs qui auraient été de nature à le rendre nécessaire , jusqu'à l'obliger de changer son nom de noble famille contre un nom de théâtre.

DUPERRIN.

C'était une plaisanterie , un de ces légers *Coups de lancette* qui amusent le lecteur.

SAINT-REMY.

Il paraît que Blinval a trouvé que la piqûre avait dépassé l'épiderme , et fait une profonde blessure à son honneur.

DUPERRIN.

J'y suis enfin. — M. Blinval est fort chatouilleux , à ce qu'il paraît. — Bref , il est venu sans doute demander à Raymond de l'assister dans la visite qu'il se propose de me faire?

SAINT-REMY.

C'est précisément le sujet de celle à laquelle je me suis félicité d'avoir été présent ; c'est aussi l'objet de la mienne , mon cher Duperrin.

DUPERRIN.

Il ne pouvait pas faire choix d'un plus digne négociateur. Que me faites-vous donc l'honneur de me proposer en son nom?

SAINT-REMY.

Il demande que vous insériez dans le premier numéro du *Figaro* une note rectificative dont il a rédigé lui-même les termes.

DUPERRIN.

Voyons !
(Saint-Remy lui remet la note.)
(Duperrin lit.)

« Dans notre dernier numéro , et parmi les Coups de lancette,

4

»il en est un contre lequel M. Blinval nous adresse une réclama-
»tion. Elle se divise en deux termes :

»Et d'abord, le motif que le rédacteur a imaginé, et auquel
»il attribue la retraite forcée de M. Blinval du premier régiment
»des chasseurs d'Afrique, est une infâme calomnie, une odieuse
»invention, contre laquelle il proteste de toute la force de son
»âme; il en exige la plus prompte et la plus formelle rétrac-
»tation. »

— Très-bien !

— « Quant à son mérite et à ses succès comme ténor, M. Blinval
»est sans doute justiciable de la critique ; mais celle du rédac-
»teur, qui se couvre d'un pseudonyme, dépasse toutes les bornes
»de la vérité et de la convenance : elle est inspirée par un esprit
»de malveillance, de plus en plus blessant pour un artiste qui a
»aussi le sentiment de sa dignité, et lui donne le droit d'exiger
»que le *Figaro* ne prononce plus son nom, ni en bien, ni en
»mal.

»Sous le mérite de cette insertion, à laquelle, au cas de refus,
»M. Blinval se réserve de contraindre l'éditeur du *Figaro*, il se
»déclare satisfait *quant à présent.* »

— J'ai lu tout au long avec un calme parfait, n'est-ce pas,
Saint-Remy? Ma réponse n'est pas difficile à faire : Veuillez rendre
sa note à M. Blinval.

Ah ! mon ex-sous-lieutenant ! parce que vous avez porté l'é-
paulette, vous avez cru m'intimider. Dieu merci ! ce n'est pas
d'aujourd'hui que j'ai eu maille à partir avec des histrions, et je
ne m'en porte pas plus mal ; il est vrai qu'ils n'avaient pas eu
l'honneur de ceindre l'épée !

Et pourquoi l'avez-vous quittée, cette épée? elle aurait droit
au respect. Pourquoi l'avez-vous échangée, avec votre blason et
le nom anobli par vos aïeux, contre des oripeaux et un nom de
fantaisie et de tréteaux? Eh bien ! moi, je ne connais plus le des-

cendant des Mac-Gregor ; je n'ai devant moi qu'un Blinval d'imagination, qui se nommera demain Lindor, en changeant de coulisses.

Certes, je ne me commettrai pas avec lui : j'ai aussi ma dignité à garder. Tout ce que je puis faire pour lui et pour moi, afin d'éviter son contact, c'est d'ignorer désormais jusqu'à son nom d'emprunt, et de l'abandonner aux sifflets.

SAINT-REMY.

Duperrin, je vous ai écouté à mon tour avec le même calme. J'espérais mieux de votre raison, de votre justice, peut-être même de votre prudence.

Ah ! vous croyez, Messieurs les francs-juges du théâtre, qu'il suffit d'avoir quelque esprit pour pouvoir impunément outrager l'art dans les artistes ! Et vous ne voyez en eux que des histrions, qu'il vous est permis de blesser dans leur vie privée, de livrer au ridicule, et dont vous tuez le talent par vos méchants lazzis, en détruisant leur carrière !

Mais ne savons-nous pas le mobile qui vous fait agir ? N'est-ce pas pour la plupart de honteuses intrigues de coulisses ? de ces coulisses dont vous faites mépris, et dont vous vous arrogez la domination comme d'une sorte de sérail ? Malheur à l'honnête et pure fille qui vous résiste !

DUPERRIN.

Parlez-vous pour moi, Saint-Remy ?

SAINT-REMY.

Je ne me mêle pas de ces sortes de choses ; je ne m'adresse qu'à nos petits sultans, parodistes ridicules des grands sultans de Paris. Je me plais à croire, mon cher Duperrin, que vous vous respectez trop vous-même pour être de ce nombre.

Mais permettez-moi de vous le dire, en toute sincérité et en ami : ce qui pouvait être pour vous, à une époque d'étourderie où tout est plaisir, une folie de jeune homme, a dû cesser de l'être pour vous, homme sérieux, père de famille, mari d'une excellente femme. Si je me suis chargé avec empressement de la mission que Blinval a confiée à mes soins, c'est pour vous éviter un éclat que vous auriez à regretter, non par crainte sans doute, mais par égard pour vous-même.

Je reconnais que la note de Blinval ne peut pas être acceptée dans les termes où elle est conçue. Prenez-en le sens, et rédigez-la de manière à satisfaire la juste susceptibilité d'un homme qui a droit à votre estime, comme l'artiste a droit à votre équité, tout au moins à votre modération : je ne doute pas qu'il ne revienne d'une irritation, il faut bien le dire, légitime. Je vous le demande en mon nom, et, s'il le faut, je vous en prie.

DUPERRIN.

Je vous remercie, Saint-Remy, de votre démarche; j'y réfléchirai.

SAINT-REMY.

Faites, mon ami! Blinval attendra...

— A bientôt, n'est-ce pas?

(Il lui présente la main.)

DUPERRIN.

A bientôt !

(Saint-Remy sort.)

— Mon ami! toi!... Ah! tu vas voir si je suis le tien!...

(Il s'assied à son bureau et se dispose à écrire.)

FIN DU DEUXIÈME ACTE.

ACTE TROISIÈME

Pendant l'entr'acte, l'orchestre joue la fin de l'accompagnement du duo de Raoul et de Valentine, dans le quatrième acte des Huguenots.

Au lever du rideau, le théâtre représente un salon très-élégant et brillamment éclairé.

Au fond un piano droit, que viennent de quitter Blinval et Linda, qui ont chanté le duo.

Tous les personnages sont debout et applaudissent encore.

Ils félicitent les deux artistes.

SCÈNE PREMIÈRE.

LA BARONNE, JULIE, Mᵐᵉ DESGRIEUX, LOUISE, LINDA, Sᵗ-REMY, DUPERRIN, DUMONCEAU, RAYMOND, ERNEST, BLINVAL.

LA BARONNE (à Linda).

Venez, ma belle ! que je vous embrasse ; vous m'avez profondément émue par la tendresse et le charme de votre voix.

(La baronne la baise au front.)

LINDA.

Vous êtes trop indulgente, Madame la baronne.

LA BARONNE.

Non ! non ! on n'est pas plus touchante, mon enfant. Je fais mon compliment aussi à M. *Mac.* Je ne dis pas *Blinval* : c'est le nom de théâtre. Pour nous, il est toujours *Mac-Gregor*, l'ami, le frère d'armes de Raymond. Et véritablement, je ne puis pas lui en vouloir, avec une si belle voix, d'avoir embrassé la carrière d'artiste, pour nous en faire jouir ; c'est une abnégation dont il faut lui savoir gré ; pour ma part, je l'en remercie.

BLINVAL.

Je vous rends grâces aussi, Madame la baronne. Je conçois votre regret, il m'arrive souvent de le partager ; mais la passion de l'art l'emporte, et il me suffit d'un jour pareil à celui-ci pour me faire oublier bien des moments d'amertume.

DUPERRIN (à part à Ernest).

Le trait est pour moi, mais je le lui rendrai.

LA BARONNE.

Ne parlons pas de cela. Asseyons-nous.
(On s'assied.)
(A Madame Desgrieux.)
Près de moi, Madame la vicomtesse.
(Elle s'assied sur la causeuse de *gauche* ; Madame Desgrieux se place près d'elle.)
Messieurs, distribuez-vous avec ces dames.
(On se place dans l'ordre suivant : Après la causeuse de gauche, Saint-Remy et Dumonceau. Du côté opposé, sur la causeuse de *droite*, Julie et Linda.)

JULIE (à Linda).

Vous voulez bien être ma voisine, Mademoiselle Linda ?
(Linda s'assied près d'elle.)
Après la causeuse de *droite*, Duperrin. (Ernest s'avance vers Louise.)

LOUISE.

Raymond et M. Mac, soyez mes chevaliers.
(Raymond lui avance un fauteuil au milieu et prend une chaise, ainsi que Blinval, et tous deux se placent à ses côtés. Ernest fait un signe de tête de dépit, et va s'asseoir à côté de Duperrin. Ils doivent être rangés en demi-cercle en face du public.)

ERNEST (à part à Duperrin).

Cette fois le trait est pour moi ; à mon tour, Louise !

LA BARONNE.

Sotte que je suis ! j'oublie de demander à qui je dois la charmante surprise de cette matinée musicale, pour fêter mon *quatre-vingt-treizième anniversaire ?*

SAINT-REMY.

Devinez ! bonne mère.

LA BARONNE.

Je m'en doute, mais j'hésite entre Julie et Louise ; car pour vous, Saint-Remy, vous êtes trop absorbé par vos solennités agricoles, et trop au-dessus de ces gentillesses ; je ne vous soupçonne donc pas. Les deux coupables sont bien Julie et Louise.

LOUISE.

Dites *trois*, bonne maman, avec Raymond. Julie, pour l'idée de la musique ; moi, pour le morceau à quatre mains ; Raymond, pour le beau duo des *Huguenots.*

LA BARONNE.

Allons, vous êtes tous trois d'aimables enfants. Et le colossal, le magnifique bouquet qui trône sur la console?...

DUPERRIN.

De votre très-humble, très-obéissant et très-affectionné serviteur et victime, *Viperrin.*

LA BARONNE.

Oh! pour aujourd'hui, plus de Viperrin, mon ami ! La paix! la paix ! Venez m'embrasser.

(Duperrin s'avance vers elle; elle se lève, et Duperrin l'embrasse.)

DUPERRIN.

Et à demain la guerre, n'est-ce pas?

(Il retourne à sa place.)

LA BARONNE.

Je ne dis pas non ; mais la guerre pour rire : l'esprit ne
tue pas.

DUPERRIN.

Il y a longtemps que je serais mort , et par vous, excellente
baronne !

LA BARONNE.

Bon ! bon ! ne faites pas tant le modeste , car si l'esprit tuait,
votre malin *Figaro* aurait bien des comptes à rendre à Dieu.
Heureusement, on ne s'en porte que mieux.

DUPERRIN.

Vous croyez? J'en connais qui ne seraient pas de votre avis.

SAINT-REMY (voulant détourner la conversation).

Duperrin , j'aurai pourtant à vous demander grâce pour un
jeune auteur dramatique, qui nous donne la primeur d'un grand
ouvrage, pour ajouter à l'éclat de nos fêtes régionales. Il ne s'agit
de rien moins que d'une comédie de mœurs en cinq actes. C'est
bien du courage , n'est-ce pas , que de s'exposer à votre lan_
cette? J'ai promis à mon jeune ami d'invoquer votre indulgence
pour cette extrême audace : cinq actes pour un début !

DUPERRIN.

Et en vers, sans doute ?

SAINT-REMY.

Fi donc ! des vers ! qui ose en commettre aujourd'hui ? Pon-
sard? peut-être encore ! École du bon sens ! Augier y renonce;
Octave Feuillet ne s'y hasarderait pas ; l'étincelant Sardou encore moins ; l'aimable Camille Doucet seul y persévère et obtient
de très-louables succès d'estime.

— 57 —

Non ! c'en est fait du vers : il est absurde ! Est-ce qu'on parle en vers, par hasard ? C'était bon du temps de Corneille, de Racine, de Molière.

Je vous le demande : *Auguste* a-t-il jamais discuté en vers avec *Cinna* et *Maxime*, dans cette admirable controverse, éternel monument de haute raison et de profondeur politique ?

Et cette *Agrippine* qui s'amuse à s'accuser devant son fils *Néron*, en vers magnifiques aussi, de tous les crimes qu'elle a commis pour l'élever au trône et en exclure Germanicus !

Et ce *Tartuffe*, avec son odieuse hypocrisie et sa concupiscence de satyre ! cet *Orgon*, avec sa crédulité si tenace et si comique ! cette sage et douze *Elmire*, modèle des femmes pures et rusées !

Et cet *Alceste !* l'homme aux rubans verts, contraste immortel de la fermeté, de la droiture la plus noble et de la faiblesse la plus extrême, la plus touchante !

Cette *Célimène !* qui personnifie la coquetterie dans ce qu'elle a de plus séduisant et de plus cruel !

Tous ces merveilleux efforts du génie, que deviendraient-ils aujourd'hui, s'ils se produisaient pour la première fois devant ce public, élevé à l'école de la vérité, de la réalité, qui veut qu'on parle tout bonnement, et non pas dans cette langue de convention, si pure, si harmonieuse, que nos pères appelaient *le langage des dieux ?*

DUPERRIN.

Je vous ai écouté avec respect, mon cher Saint-Remy, dans votre boutade ironique contre le réalisme. Je dis avec respect, en souvenir de mes anciennes admirations d'écolier pour les trois grands noms dont vous exaltez le génie. Laissons-les dans nos bibliothèques et sur leur piédestal au foyer de la Comédie Française : voilà leur véritable, leur glorieuse place.

Mais il ne s'agit pas d'eux aujourd'hui. La thèse que nous

aurions à soutenir nous entraînerait trop loin et ennuierait ces dames.

Revenons à votre jeune protégé, qui a abjuré le *langage des dieux,* et a bien fait; si ce que l'on m'a dit de sa comédie est vrai, c'est un élève des Dumas et surtout d'Émile Augier par l'esprit satirique. Je lui en fais mon compliment. Au surplus, nous verrons bien! Tout ce que je puis vous promettre pour lui, c'est une critique sérieuse et juste.

LA BARONNE.

Et vous en aurez d'autant plus de mérite, Duperrin, que les journalistes, surtout les journalistes de province et de coulisse, y sont, dit-on, fort maltraités. Alors, gare à lui! n'est-ce pas?...

DUMONCEAU.

Bravo! bravo! nous rirons bien.

LA BARONNE.

Oui, vous rirez, mon bon Dumonceau, de ce gros rire qui vous va si bien.

DUPERRIN.

Je suis heureux de voir, chère baronne, que votre gaîté vous reprend. Tant mieux, ma foi! rien de plus ennuyeux que la politesse et la froide raison. De la malice, morbleu! de la malice. Quelques petits coups de lancette! mais c'est un excellent régime pour se tenir en santé. A ce compte, vous vivrez deux siècles, excellente baronne.

LA BARONNE.

Je le voudrais bien, mon bon ami, à la condition de vous avoir encore pour mes menus plaisirs.

SAINT-REMY.

Chassez le naturel, il revient au galop, n'est-ce pas, bonne mère?

LA BARONNE.

Et vous aussi, Saint-Remy !... Mais cette petite escarmouche nous a fait oublier les rafraîchissements. Louise, tu es là tout engourdie entre tes deux partners qui t'absorbent : vas donc sonner.

LOUISE.

Oui, bonne maman.

(Elle se lève, mais Raymond la devance et va sonner. Les hommes se lèvent. Deux domestiques entrent portant chacun un plateau chargé de glaces et de gâteaux. La conversation continue. Dumonceau va prendre le plateau des gâteaux et en offre aux dames.)

LA BARONNE (à Dumonceau).

Merci! Dumonceau. Jeunes gens, apprenez de lui la galanterie; voilà un véritable chevalier servant : c'est de l'ancien régime.

DUMONCEAU.

Pas trop ancien, chère baronne, quarante-cinq ans.

LA BARONNE.

Ah! ah! et une dizaine d'années de nourrice.

SAINT-REMY.

Vous êtes généreuse, bonne mère : quatre à cinq ans au plus. Dumonceau est à peu près de mon âge.

LA BARONNE.

Soit! ne marchandons pas. Au surplus, Dumonceau porte bien ses cinquante ans; on ne lui en donnerait pas quarante. J'espère que j'ai bien réparé mon indiscrétion.

DUPERRIN.

Saint-Remy, revenons à votre protégé. Vous connaissez donc sa comédie ?

SAINT-REMY.

L'auteur, à qui je prends un vif intérêt, est le fils d'un de mes meilleurs amis, notre compatriote, bon et habile agriculteur, dont le père a été fermier du mien.

DUMONCEAU.

Ah ! le gros bonhomme Bernard ! Sa terre touche ma belle ferme au bord du Rhône.

LA BARONNE.

Le gros bonhomme ! Mais, mon brave ami, comment faut-il donc vous nommer ? Vous ne lui cédez en rien comme épaisseur... de corps, j'entends ; car pour l'esprit, vous en avez, et du plus fin.

DUMONCEAU.

Chacun a le sien, baronne, et je suis content de mon lot.

LA BARONNE.

Parbleu ! je le crois bien !

(Les jeunes gens vont reprendre les soucoupes des dames. Dans ce moment, Ernest, qui va prendre celle de Louise, est devancé par Raymond.)

ERNEST.

Toujours le premier, Raymond ! c'est ton droit, je n'ai qu'à me résigner. Impossible de te prévenir. Et comme si tu ne suffisais pas, ton cher camarade Blinval....

RAYMOND.

Tu veux dire *Mac?*

ERNEST.

Mac, Blinval, c'est la même chose.

BLINVAL.

Pour le public, Monsieur, pour vous, je ne suis et ne veux être
que Blinval. Pour les amis qui veulent bien me conserver leur
souvenir, pour mon cher et bon Raymond, je ne suis et ne serai
jamais que *Mac*.
(Il lui serre la main.)

DUPERRIN.

Voilà une distinction parfaitement juste, et dont je prends
ma part comme public, avec Ernest.

BLINVAL.

Je l'entends bien ainsi, M. Duperrin.

LA BARONNE.

Allons ! allons ! pas de guerre aujourd'hui : je vous donne
l'exemple.

DUPERRIN.

Vraiment !... Je répète ma question, Saint-Remy, vous connaissez l'œuvre du cru ?

LA BARONNE.

Aïe ! voilà qui sent bien la lancette.

SAINT-REMY.

Je l'ai lue, elle m'a vivement intéressé. J'étais loin de m'attendre à tant de maturité d'un tout jeune homme — vingt-quatre
ans au plus. Il est vrai qu'il est resté constamment à Paris depuis
sa sortie de Sainte-Barbe, où il avait fait d'excellentes études. Il
était avocat à dix-neuf ans, et l'un des membres les plus dis-
tingués de sa conférence.

JULIE.

Permettez-moi, mon cher oncle, de compléter ce que vous dites de bien de M. Henri Bernard. Vous l'aviez fort recommandé à M. d'Harcour : il venait souvent chez nous ; M. d'Harcour en faisait grand cas.

DUPERRIN.

On ne doit plus s'étonner de ses talents précoces ; Madame d'Harcour les ferait naître, s'ils n'existaient pas.

LA BARONNE.

Attrape ! Julie.

JULIE.

Vous savez que je prends toujours en bonne part ce que veut bien me dire M. Duperrin. Je n'ai pas l'orgueil de faire naître les talents ; mais je ne pousse pas l'humilité jusqu'à ne pas me croire capable de les apprécier.

Oui, nous faisions grande estime de M. Henri. Il a lu dans notre salon ses premiers essais dramatiques, qui révélaient en lui un véritable esprit d'observation, bien rare à son âge. D'avance je crois pouvoir garantir qu'on en sera vivement frappé dans son grand ouvrage, qu'il méditait depuis longtemps.

DUPERRIN.

Que ne le fait-il jouer à Paris ?

SAINT-REMY.

A Paris ! vous en parlez à votre aise. Les avenues de tous les théâtres sont gardées de manière à ne pouvoir les aborder.

Prenez chaque théâtre séparément, vous y trouverez les noms des dominateurs stéréotypés sur les affiches, avec le titre de leurs

ouvrages. Or, comme ces noms seuls font de l'argent, les directeurs répondent aux aspirants qui frappent à la porte :

« Point d'argent ! point de suisse ! et notre porte est close. »

DUPERRIN.

Et ils ont parfaitement raison. Voudriez-vous qu'ils l'ouvrissent
à ces rapsodies que nos producteurs *du terroir* nous infligent ?
C'est bien assez que nous les subissions, sans exiger la même
abnégation du public parisien. J'attends votre Molière imberbe,
et lui dirai son fait, en le renvoyant à l'école de nos grands
réalistes ; là est la fortune et la gloire.

SAINT-REMY.

Le public parisien ! dites-vous ? C'est bien plutôt le public de
tous les pays, qui saute comme les moutons de Panurge sur la
foi de l'affiche, préconisée par les princes de la critique, ou plutôt
de la réclame. Et comme ce public se renouvelle tous les jours,
il n'y a pas de raison que ces œuvres merveilleuses, qui font la
fortune et la gloire, ne soient jouées jusqu'à désespérer les vrais
parisiens et les faire fuir Paris.

Mais la province, qui contribue pour sa bonne part à faire le
mal, est appelée à le guérir,... grâce à la décentralisation...

DUPERRIN.

Voilà le grand mot lâché !

LA BARONNE.

Saint-Remy ! vous dites : grâce à la décentralisation ; mais je
vous demande grâce pour nous. C'est assez bavarder théâtre comme
ça ; j'en ai la tête engourdie.

(Elle se lève ; tous se lèvent.)

— Allons faire un tour de jardin : Qui m'aime me suive !

DUPERRIN.

Pardon, chère baronne, de vous quitter si tôt. J'ai des ren-

dez-vous chez moi pour cinq heures, et les épreuves du numéro
de demain à revoir.

LA BARONNE.

Allez, allez, mon doux Figaro ! nous vous retrouverons demain
tout entier.

DUPERRIN.

Je l'espère bien.

(A Ernest, qu'il prend à part.)

— Reste encore. Je m'étonne que le courrier ne soit pas
distribué, et que Saint-Remy n'ait pas reçu la lettre. Le facteur
ne peut tarder.

BLINVAL.

Vous nous permettrez aussi de nous retirer avec Mademoiselle
Linda, Madame la baronne. Ce soir, *la Juive* ; il nous reste à
peine le temps de nous préparer.

LA BARONNE.

A être applaudis. Merci ! merci ! à tous deux de la charmante
matinée que nous vous devons. Venez nous voir souvent, M. Mac,
vous savez combien Raymond a d'amitié pour vous.

(A Linda.)

— Et vous, ma belle *diva*, ne nous oubliez pas aussi ; nous
serons toujours heureux de vous revoir et de vous entendre.
J'aime les arts et j'honore les artistes.

(Elle lui présente sa main, que Linda baise.)

LINDA.

Tout l'honneur est pour nous, Madame la baronne.

(Raymond serre la main à Blinval.)

RAYMOND.

A bientôt, mon cher Mac !

(Blinval et Linda sortent.)

DUPERRIN.

Au revoir, Saint-Remy !...

SAINT-REMY.

Je sors avec vous. Je reviens tout à l'heure, bonne mère !

LA BARONNE.

Et moi je prends Dumonceau pour mon chevalier : vous ne m'en voulez pas, Madame la vicomtesse? J'ai à réparer auprès de lui toutes mes petites taquineries ; mais il est si bon ! je l'aime de tout mon cœur, sans qu'il y paraisse. Aussi, qui aime bien, bien châtie ! Votre bras, mon gros Benjamin !

DUMONCEAU.

Tout à vous, ma noble châtelaine !

(Il lui offre son bras.)

LA BARONNE.

Quand je vous dis qu'il est pétri d'esprit !
(A Raymond, Louise et Ernest.)
— Venez-vous, enfants?...

(Elle sort au bras de Dumonceau.)

LOUISE.

Oui, sans doute, bonne maman.

ERNEST.

J'espère que Raymond me permettra de remplacer son ami Mac auprès de Louise.

LOUISE.

Toujours quelque méchanceté, Ernest. Tu peux parfaitement nous suivre, si cela te fait plaisir.

ERNEST.

Tu vois bien que je veux rire.

5

LOUISE (à Julie).

Vous ne venez pas, ma tante?

JULIE.

J'ai à causer avec Madame la vicomtesse, si elle veut bien me le permettre.

LA VICOMTESSE.

Comment! vous le permettre, Madame! mais j'en suis tout heureuse.

(Raymond, Louise et Ernest sortent par la même porte par laquelle la baronne est sortie.)

SCÈNE II.

JULIE, Mme DESGRIEUX.

JULIE.

Voulons-nous nous asseoir?

(Elle lui indique la causeuse et s'assied après la vicomtesse.)

— Il y a longtemps, Madame, que j'ai le désir de vous entretenir d'une pensée qui me préoccupe vivement, je vous assure, par le profond intérêt, j'oserai dire l'affection que vous m'avez inspirée ; mais la crainte de vous paraître indiscrète m'a retenue jusqu'à ce moment.

LA VICOMTESSE.

Je vous suis infiniment reconnaissante, Madame, de cet intérêt et de cette affection, qui me touchent d'autant plus que, de mon côté, je les ai ressentis pour vous dès le premier jour. Je vous écoute donc, Madame.

JULIE.

Ne prenez pas en mauvaise part, Madame, ce que je vais me permettre de vous dire.

LA VICOMTESSE.

De vous , Madame , je ne puis attendre que des choses obligeantes et flatteuses pour moi.

JULIE.

Avez-vous habité la province , Madame , avant votre séjour dans notre Midi ?

LA VICOMTESSE.

Non , Madame, si par ce mot habité vous entendez une certaine durée de résidence. Je suis née dans le Nord, à Valenciennes ; mais j'en suis sortie tout enfant, et depuis lors j'ai constamment habité Paris.

JULIE.

On le voit, Madame, par la distinction de votre personne et de votre esprit; mais, par cela même, vous ne pouvez avoir sur la province que des notions vagues, sinon erronées, en ce qui touche à nos goûts, à nos habitudes, à nos mœurs, à nos préjugés. Le Midi, par exemple, a dû vous fournir ample matière d'observation.

LA VICOMTESSE.

Je n'ai pu en faire que de très-favorables , et votre chère et honorable famille, Madame, dans laquelle j'ai été accueillie avec tant de bonté, m'a donné de cette belle et riche partie de la France l'idée la plus haute et la plus charmante : j'en conserverai un souvenir profond et reconnaissant.

JULIE.

Eh bien ! Madame... — pardon ! je vais toucher un sujet bien délicat : — parmi ces mœurs, ces préjugés tout provinciaux, je le reconnais, il en est qui diffèrent essentiellement des mœurs parisiennes ; je ne parle pas des préjugés : il n'en existe pas à Paris dans ce qu'on appelle la vie du monde, celle qui admet la plus entière indépendance d'esprit, et, le dirai-je, du cœur, qui s'élève au-dessus des règles ordinaires de la vie, par une liberté de convention à laquelle nous ne saurions prétendre.

LA VICOMTESSE.

Voulez-vous bien, Madame, m'expliquer en quoi, moi, parisienne, moi, qui vis en effet de cette vie du monde, j'aurais pu blesser, sans m'en douter assurément, par notre liberté de convention, vos mœurs et vos préjugés? Vous voyez que j'aborde franchement la partie délicate du sujet.

JULIE.

Ma franchise va répondre à la vôtre, Madame.

Vous êtes parmi nous depuis bientôt six mois, et nous nous en félicitons. Vous nous appartenez un peu par cette prolongation de séjour.

LA VICOMTESSE (souriant).

J'ai presque acquis le droit de cité, n'est-ce pas, Madame?

JULIE.

Notre vœu serait de vous le voir acquérir tout entier. Vous descendîtes, en arrivant, chez notre ami M. Dumonceau?

LA VICOMTESSE.

C'est le nôtre aussi, Madame, et il a bien voulu nous offrir un appartement chez lui.

JULIE.

Certes, rien de plus naturel, et ce n'est pas moi qui y trouverai à redire.

LA VICOMTESSE.

Je commence à comprendre, Madame. Notre liberté de convention, qui nous autorise à recevoir nos amis chez nous, et nous fait à la fois un devoir et un plaisir de cette cordiale hospitalité, a pu paraître étrange à vos mœurs, surtout à vos préjugés ; — vous voulez bien reconnaître qu'il en existe encore en province ?

Je m'accuse sincèrement d'avoir pu croire que, dans votre ville, si distinguée sous tant de rapports, et dans laquelle j'ai retrouvé les belles manières de notre meilleur monde parisien ; je m'accuse, dis-je, d'avoir pu penser que l'on voudrait bien permettre que nous acceptions, M. Desgrieux et moi, de la part d'un ami, cette hospitalité si bonne, si douce, qui peut si bien s'accorder avec les mœurs, à Paris comme en province.

JULIE.

Votre réflexion si juste, Madame, révèle une susceptibilité que j'attendais de vous, mais que je me reproche d'avoir excitée. Elle me fait craindre de vous voir mal interpréter ma pensée, en recherchant auprès de vous cette explication.

Le soin que j'ai pris de vous avertir de la différence qui existe entre ce qu'on est convenu d'appeler *le monde* en province, et *le monde* à Paris, aurait dû éloigner de votre esprit jusqu'au moindre soupçon que je pouvais m'oublier à ce point de songer à vous blesser de la moindre manière.

Depuis que j'ai l'honneur d'être connue de vous, Madame, moi qui ai vécu aussi dans ce beau monde de Paris, je devais me flatter que vous m'exemptiez personnellement des préjugés du nôtre, et n'attribuiez ma sollicitude qu'à cette estime, à cette affection dont je me suis plu tout à l'heure de vous offrir l'expression sincère.

Mais, Madame, je ne compose pas seule notre monde ; je l'entends se livrer aux remarques, aux commentaires, qui sont une de ses occupations favorites, et j'ai cru de mon devoir de vous prémunir contre une trop grande confiance, non en vous-même, mais dans le bon esprit et la discrétion de nos salons.

LA VICOMTESSE.

Ah! l'on parle donc de moi dans vos salons? Soyez assez bonne, Madame, pour m'apprendre ce qu'on en dit.

JULIE.

Mon Dieu! Madame, ce qu'on en dit est précisément la conséquence de la différence de nos deux mondes. Dans le nôtre, on n'est pas encore fait à cette *liberté de convention* qui ajoute à l'agrément du vôtre, et qui permet qu'une femme jeune et belle accepte, non pas une hospitalité passagère, mais un appartement permanent chez un ami, et un ami garçon.

LA VICOMTESSE (souriant).

Très-bien !... il est vrai que cet ami est fort dangereux. Pauvre bon M. Dumonceau !... surtout avec mon mari !... Et ne dit-on rien de plus, Madame? Parlez-moi en toute sincérité : que je sache bien jusqu'où peuvent aller ces occupations favorites et charitables de votre monde.

JULIE.

Vous l'exigez, Madame ?

LA VICOMTESSE.

Je l'attends de votre amitié....
(Souriant.)
—pour me préserver entièrement de celle de M. Dumonceau.

JULIE.

Eh bien ! Madame, on pousse ces commérages jusqu'à assurer que vous n'êtes pas.... mariée.
(Mouvement de la vicomtesse, qu'elle s'efforce de réprimer.)

LA VICOMTESSE (affectant la gaîté).

Ah ! je ne suis pas mariée !... J'avoue que je n'aurais pas

été jusqu'à concevoir ce grand effort d'imagination de *votre monde*, Madame ! Allons ! je vois qu'à sa première réunion, je me verrai obligée de me présenter au bras de **M.** Desgrieux, notre contrat de mariage à la main.

JULIE.

Madame ! Madame ! je vous en supplie : ne voyez dans la sincérité que vous avez exigée de moi que l'accomplissement d'un devoir rigoureux envers vous et envers moi-même, par le soin que je dois prendre de votre dignité et de la mienne, puisque j'ai l'honneur de vous recevoir chez moi. Je serais au désespoir si le sentiment qui me l'a imposé, ce devoir, n'était pas apprécié par vous comme il mérite de l'être.

LA VICOMTESSE.

Apprécié par moi, Madame ?

(Elle lui prend la main.)

—Ah ! loin de vous en vouloir, j'en suis profondément touchée ; je vous en garderai toute ma vie la plus grande reconnaissance,

(Avec une intention marquée.)

—et j'espère bien trouver l'occasion de vous la prouver aussi vivement que je la ressens.

(Elle se lève, ainsi que Julie.)

Venez, chère amie ! — car c'est une amitié à tout jamais ; — venez ! allons rejoindre l'excellente baronne, qui nous attend au jardin.

(Elles sortent.)

SCÈNE III.

LES PRÉCÉDENTS, SAINT-REMY.

SAINT-REMY.

Seules ! belles dames ?...

JULIE.

Oui, cher oncle. Nous avions à nous dire bien des choses avec Madame la vicomtesse, dont j'espère avoir fait une amie.

LA VICOMTESSE.

C'est à moi de m'en féliciter, Monsieur de Saint-Remy. J'espère aussi prouver à Madame d'Harcour qu'elle n'aimera pas une ingrate. Nous allions rejoindre au jardin Madame la baronne.

JULIE.

Ne venez-vous pas, mon oncle ?

SAINT-REMY.

Je vous rejoins à l'instant.

(Les dames sortent.)

SCÈNE IV.

SAINT-REMY.

(Il s'assied, sort une lettre de sa poche et la relit tout bas.)

SAINT-REMY.

Voilà une lettre bien étrange et bien odieuse ! Quel peut en être l'auteur ? Je ne sais sur qui arrêter ma pensée. Dans le premier moment, j'ai dû soupçonner Duperrin, dont l'esprit jaloux, naturellement méchant, ne peut souffrir aucune supériorité. Il est incessamment en butte aux quolibets spirituels et mordants de la baronne, à laquelle il ne pardonne pas.

En ce qui me touche, son envie est extrême de me voir honoré et aimé; membre du Corps législatif et du Conseil-général, président de la Chambre de commerce. Ces hautes marques d'es-

time et de confiance de la part de mes concitoyens et de mes
amis le blessent au cœur, lui qui, malgré une belle fortune, n'a
pu obtenir aucune fonction publique, même l'entrée au Conseil
municipal, et n'a pas un ami.

Je conçois donc son dépit, je pourrais dire sa haine, qu'il dé-
guise sous une apparence d'intimité ; mais je ne puis croire
qu'elle ait pu l'entraîner jusqu'à s'attaquer outrageusement à
cette excellente Julie, dont la vie est si pure, le cœur si bon, et
qui s'efforce toujours d'adoucir les blessures que la baronne fait
à la vanité de notre acrimonieux *Figaro*.

(Il parcourt la lettre.)

Évidemment, c'est une écriture contrefaite, et qui paraît être
celle d'une femme. La lettre est datée de Paris ; elle en porte le
timbre. Toutes ces combinaisons cachent un mystère qui me
préoccupe vivement, et au fond duquel il y a une lâche méchanceté. Si je la pénètre, l'auteur la paiera cher.

Ce qui me frappe encore, c'est d'y voir figurer Ernest, qu'on
y peint sous de mauvaises couleurs.

Lui aussi éprouve un profond dépit du mariage de Louise
avec mon brave Raymond. Serait-ce le coupable ? Oh non ! je
ne puis croire à tant de perfidie et de perversité.

(Apercevant Ernest.)

— Le voici ! Je vais commencer mon épreuve par lui.

SCÈNE V.

SAINT-REMY, ERNEST.

(Saint-Remy tient la lettre ouverte. Il feint de ne pas l'avoir vu entrer.)

ERNEST.

Cher cousin ! toutes nos dames vous demandent ; elles me dé-
pêchent vers vous.

SAINT-REMY.

Pardon! Ernest : je ne t'avais pas aperçu. J'étais absorbé par la lecture d'une lettre bien extraordinaire qui m'est adressée, dans laquelle ton nom se trouve mêlé à de misérables noirceurs.

ERNEST.

Mon nom ?... Ah! par exemple!... Puis-je, sans indiscrétion, vous demander ce qu'on y dit de moi?

SAINT-REMY (lui présentant la lettre).

Tiens, mon ami, lis la lettre entière : tu verras quel tissu d'inepties le lâche anonyme a inventé, espérant faire naître dans mon esprit des soupçons sur la parfaite pureté de Julie dans son affection pour moi. Tu y es fort mal traité aussi.

Lis à haute voix ; je ne suis pas fâché de l'entendre, pour la mieux méditer encore.

ERNEST.

Et moi, je suis bien curieux de la lire.

(Il lit à haute voix.)

«Paris, le 25 mai 1861.

»Monsieur,

»J'ai longtemps hésité à vous adresser cette lettre, par la crainte de vous affliger; mais les intrigues qui se nouent autour de vous et dont les auteurs vous touchent de près, ne me permettent plus de garder le silence. La haute estime que je fais de vous, Monsieur (je n'ose pas dire l'affection), comme à l'un de nos plus honorables compatriotes, ce double sentiment me fait un devoir de parler.

»Hélas! oui, Monsieur! les coupables vous touchent de près. Parmi eux, j'ai la douleur de vous nommer Mme d'Harcour, cette nièce que vous comblez de bontés. Je l'ai beaucoup connue dans le grand monde parisien, à l'époque de son mariage avec le vieux baron d'Harcour. Elle s'y distinguait par une combinaison fort habile de pruderie et de coquetterie, qui ne l'a pas préservée de certaine liaison dont le scandale n'a pas peu contribué à la mort du baron. »

ERNEST.

Voilà une bien audacieuse accusation !

SAINT-REMY.

N'est-ce pas ?.... Continue.

ERNEST.

» Restée sans fortune, et fort belle encore, elle avait espéré s'allier de nouveau à l'un de ces anciens noms qui décorent une femme. Mais déçue à Paris, elle a jeté ses vues sur vous, Monsieur, qui joignez à un nom, honorable aussi, une grande fortune. Les avis que je reçois m'apprennent qu'elle a trop bien réussi à vous inspirer mieux que de l'intérêt et de l'amitié. Je ne puis que vous dire : prenez garde à la *sirène !* »

ERNEST.

Ah ! c'est trop fort ! cette bonne Julie, intéressée ! elle, si simple dans ses goûts, si modeste ! Ah ! pour très-belle encore ! sans doute.

SAINT-REMY.

Voici ton tour.

ERNEST (continuant de lire).

« Un dernier mot, Monsieur. Je veux parler de M. Ernest, votre jeune cousin ; ce n'est pas à votre nièce qu'il s'adresse, lui ! mais à votre fille, votre charmante Louise, trop charmante peut-être. — Pardonnez-moi l'appréciation de cet heureux excès qu'expliquent et justifient parfaitement sa jeunesse et sa vivacité d'esprit, toute méridionale. — Vous savez les antécédents des deux jeunes gens, destinés dès l'enfance l'un à l'autre : ne vous inspirent –ils pas quelque crainte pour le bonheur de tous deux ? C'est un doute que je me permets de vous soumettre.

» J'ai dit, Monsieur, avec un profond sentiment de regret, je vous assure : c'est à votre raison et à votre sagesse à résoudre.

» Veuillez agréer, Monsieur, l'expression de ma plus haute estime.

» L'un de vos plus dévoués serviteurs. »

ERNEST.

Le lâche ! ne pas signer !.....

SAINT-REMY.

Que dis–tu de ce passage ?

ERNEST.

Que je suis confondu de tant de perfidie et d'insolence. Oh ! nous découvrirons le misérable ; et, pour ma part, je lui promets.......
(Il paraît chercher à reconnaître l'écriture).
— Plus j'examine cette écriture, et plus je crois reconnaître.... Voudriez–vous me confier la lettre pour un moment, mon cher cousin ? J'irai la faire lire à Duperrin. Il ne se passe pas jour que la boîte du *Figaro* ne reçoive quelque missive de ce genre, pour alimenter ses *coups de lancette.* Je dois rendre à Duperrin cette justice qu'il méprise ces honteuses inventions. L'écriture de celle-ci me paraît ressembler à d'autres qui ont passé sous nos yeux, et dont je soupçonne l'écrivain, un de nos compatriotes, en effet, qui a longtemps habité Paris. Si c'est lui, je me charge de lui ôter le goût des calomnies anonymes.

SAINT-REMY (qui l'a écouté avec réflexion).

Je désire en causer moi-même avec Duperrin. Donne !

(Ernest lui rend la lettre.)

Je te prie même de ne lui en rien dire encore, et de n'en parler à personne, surtout à Julie et à Louise. Je compte sur ta discrétion.

ERNEST.

Soyez parfaitement tranquille , cher cousin.

SAINT-REMY.

Allons rejoindre ces dames.

(Ils sortent.)

FIN DU TROISIÈME ACTE.

ACTE QUATRIÈME

Le théâtre représente le salon du premier acte.

SCÈNE PREMIÈRE.

SAINT-REMY, DUPERRIN.

(Ils sont assis.)

DUPERRIN (tient la lettre à la main et l'examine avec soin).

Je crois reconnaître cette écriture; elle me paraît être de la même main qui m'a servi parfois à égayer les lecteurs de notre *Figaro* : c'est certainement un de nos compatriotes. On peut en rire, quand il ne s'agit que de petites historiettes inoffensives; mais ici c'est une attaque cruelle contre une femme digne de tous les respects. C'est jeter dans votre intérieur une cause de douleur et de trouble, peut-être.

SAINT-REMY.

(Il doit, pendant toute cette scène, suivre avec une grande attention les impressions de Duperrin.)

Non! mon cher Duperrin; le méchant homme qui a cru nous faire du mal, à moi particulièrement, en outrageant lâchement ma nièce, nous a rendu service, en nous apprenant à nous mieux connaître, si c'est possible, et par là à nous mieux aimer.

DUPERRIN.

Je suis heureux de le savoir, Saint-Remy; mais, connaissant
l'extrême sensibilité de Madame d'Harcour, et sa susceptibilité
si scrupuleuse sur tout ce qui tient aux convenances, d'après nos
conventions ridicules de province en fait de mœurs, ou tout au
moins d'usages, on pouvait craindre que, blessée dans sa pureté
de cœur et d'intentions par cette odieuse imputation, qu'après
avoir vainement cherché à capter un nouveau baron ou comte,
cette digne et charmante femme se rabattait sur vous, mon ami,
vous, son oncle, à cause de votre grande fortune; on pourrait
craindre, dis-je, que cette âme si belle ne souffrît cruellement
d'une invention aussi outrageante.

SAINT-REMY.

Détrompez-vous, Duperrin, vous ne connaissez pas Julie. Vous
l'avez dit : elle a une exquise sensibilité, mais qu'elle sait dominer
par une force de volonté qui la rend toujours maîtresse d'elle-
même.

Sa première impression, quand je lui ai lu cette infâme lettre...
(Au mot infâme, Duperrin fait un mouvement qui n'échappe pas à St-Remy.)

DUPERRIN.

Vous me permettrez de vous dire, mon cher Saint-Remy, que
vous auriez dû lui éviter une communication si indigne d'elle
et, par cela même, si douloureuse.

SAINT-REMY.

Au contraire! mon ami, au contraire ! comme je vous le disais,
sa première impression a été cruelle, à ce point de lui faire
prendre la résolution désespérée de s'éloigner de nous pour toujours. Vous devez penser si la déclaration qu'elle nous en a faite
nous a vivement émus. Mais le premier mouvement d'indignation

et de douleur une fois passé, cette force de raison et de volonté qui domine en elle lui a fait sentir la faute qu'elle eût commise en se séparant de nous : c'eût été, en quelque sorte, reconnaître que la calomnie avait touché juste.

Ainsi, non-seulement elle nous reste, mais notre tendresse pour elle s'est accrue de toute la peine que nous a causée l'incident par lequel le lâche anonyme espérait la rompre : il peut en prendre son parti.

(Il se lève.)

DUPERRIN (qui s'est levé le premier lui prend la main avec une grande affectation de joie).

Je ne puis vous dire, Saint-Remy, quel plaisir vous me faites! Ah! voilà bien ce qu'on peut nommer une femme supérieure : savoir ainsi se rendre maîtresse de ses impressions; s'élever au-dessus des misérables commérages de nos collets montés, qui affectent une raideur de principes qu'elles regrettent au fond, mais que leur impose la vie de province, où tout le monde se connaît, où l'on ne peut faire un pas, dire un mot, regarder quelqu'un, sans qu'on ne l'impute à mal.

Parlez-moi de Paris! c'est là que votre belle et vaillante Julie a appris à se débarrasser des sottes pruderies de nos salons de médisance, et d'où, je suis certain, a dû partir la noirceur dont quelque chevalier de nos commères désappointées s'est fait l'éditeur anonyme.

Oh! je finirai par le découvrir, et nous en rirons bien alors; *Figaro* lui réserve une belle saignée!...

SAINT-REMY (feignant la gaîté).

Je crois être sur la voie, Duperrin, et, si je ne me trompe pas, je vous permets de le *saigner à blanc.*

(Il rit.)

6

DUPERRIN (sourit pour cacher son inquiétude).

Qui soupçonnez-vous? dites-le moi?

SAINT-REMY.

Ce n'est qu'une idée vague encore ; mais, dès que j'en aurai quelque certitude, vous serez le premier à qui je me confierai, et nous nous entendrons pour la vengeance, chacun à notre façon.

A présent, un mot sur Ernest. Il est nommé dans la perfidie épistolaire : c'est là ce qui m'a touché le plus vivement. J'aurais voulu le cacher à Louise, mais elle m'a, en quelque sorte, forcé de lui communiquer la lettre. Raymond ne pouvait manquer de le savoir. Cœur excellent, mais jaloux, il en a conçu une vive inquiétude, que Louise s'efforce en vain de calmer.

Je ne saurais trop vous prier, mon cher Duperrin, de recommander à Ernest la plus grande prudence dans ses rapports avec Louise. Engagez-le à rendre ses visites moins fréquentes : elles finiraient par donner de l'ombrage à Raymond, et je ne répondrais pas que, dans un moment d'humeur, il n'en résultât quelque querelle entre eux. Quoique cousins, ils n'ont pas de sympathie l'un pour l'autre : il faut éviter un éclat qui m'affligerait beaucoup.

(Apercevant Julie.)

— Chut! voici Julie.

SCÈNE II.

LES PRÉCÉDENTS, JULIE.

SAINT-REMY.

Chère nièce, tu nous vois bien joyeux avec Duperrin. Il croit connaître l'auteur de la lettre ; j'en ai quelque soupçon aussi, et nous nous entendrons pour la punition.

DUPERRIN.

J'ai pris la plus vive part, belle dame, à la peine qu'a dû vous
causer cette insigne lâcheté.

JULIE.

Merci ! M. Duperrin, nous n'attendions pas moins, mon oncle
et moi, de votre amitié pour nous.

DUPERRIN.

Je vous quitte, pour aller vérifier quelques écritures parmi les
chiffons de papier que reçoit la boîte du *Figaro*. Gare à l'é–
crivain ! A bientôt.

(Il sort.)

SCÈNE III.

SAINT-REMY , JULIE.

SAINT-REMY.

Oui , gare à lui ! Julie.

JULIE.

Vous avez donc des soupçons ?

SAINT-REMY.

L'explication que je viens d'avoir les change presque en certitude :... c'est lui !

JULIE.

Lui ! Duperrin !... Je n'osais pas vous le dire, mon oncle ;
j'y ai pensé dès le premier moment.

Si je n'ai pas cru devoir vous en parler, c'est pour ne pas vous
affliger, et par crainte de la méchanceté de cet homme. Je devais

croire que la leçon sévère qu'il a reçue de moi , l'indignation que je lui ai témoignée de ses audacieuses espérances, l'auraient fait renoncer à me poursuivre de ce qu'il n'a pas honte d'appeler sa passion !...

SAINT-REMY.

Le misérable ! Eh quoi ! Julie, il a poussé l'insolence !... Et vous ne me l'avez pas dit !...

JULIE.

Non , mon ami ! je l'aurais dû peut-être ; mais je lui avais promis de me taire, et je redoutais les effets de votre trop juste ressentiment.

SAINT-REMY.

Quelle profonde perversité ! — C'est peu que de négliger sa femme, une femme jeune, aimable, douce, modeste, la mère de ses enfants, pour de honteuses débauches ; il pousse l'impudeur jusqu'à s'attaquer à ce qu'il y a de plus pur au monde, à toi, ma nièce chérie ! à toi !... — Ah ! la punition doit être en raison de tant d'audace et de cynisme !

JULIE.

Mon oncle ! mon bon oncle ! je vous en conjure : pas d'éclat! Vous si sage, vous qui m'avez traitée comme votre enfant après la perte de mon père et de ma mère bien-aimée ; vous de qui j'ai appris à me soumettre à la raison, et à qui je dois ma règle de conduite après mon veuvage , n'allez pas détruire votre ouvrage par un acte de violence qui produirait un grand scandale et me perdrait pour toujours.

SAINT-REMY (avec tendresse).

Oui , tu as raison , ma Julie ! ma fille ! — je puis aussi te donner ce nom, car j'ai pour toi toute la tendresse d'un père.

Je t'ai appris, dis-tu, à te vaincre ; en me le rappelant, tu me
l'apprends à ton tour. Et cependant il faut punir le pervers. J'y
songerai...

JULIE.

Mais assurez-vous bien, avant, qu'il est le coupable.

SAINT-REMY.

Ce ne peut être que lui ; ce que tu viens de m'apprendre
achève de m'en convaincre, et détermine peut-être le genre de
punition que je lui infligerai.

JULIE.

Promettez-moi de me le dire, et laissez-m'en le juge.

SAINT-REMY.

Je te le promets.

SCÈNE IV.

LES PRÉCÉDENTS, LOUISE.

LOUISE.

Te voilà bien émue, chère cousine ! et toi aussi, père ! Toujours cette maudite lettre ! Mon Dieu ! vous êtes bien bons de
prendre ces sottes méchancetés au sérieux. Si j'étais toi, Julie,
j'en ferais bien enrager l'auteur.

JULIE.

Et que ferais-tu ?

LOUISE.

C'est tout simple : je me marierais.

JULIE (galment).

Rien que cela!... Et avec qui?

LOUISE.

Parbleu ! avec père !...

SAINT-REMY (s'écrie).

Que dis-tu, Louise!...

JULIE.

Folle que tu es !

LOUISE.

Folle! moi qui suis la raison même!... n'est-ce pas, père ?

SAINT-REMY.

Quelquefois.

LOUISE.

Toujours ! ne suis-je pas ta fille?

SAINT-REMY.

Flatteuse !

(Il la baise au front.)

—Allons , Mademoiselle , qui êtes la raison même , je vous laisse *déraisonner* à votre aise avec Julie. Si vous parvenez à la convaincre que votre moyen de punir le lâche calomniateur est le meilleur, alors... il vous restera à me convaincre à mon tour...

(Il sourit.)

—Enfant!

(Il entre dans l'appartement par la porte latérale à gauche.)

SCÈNE V.

JULIE, LOUISE.

LOUISE.

Enfant!... ils disent tous : enfant! Et c'est moi qui suis obligée de leur faire la leçon, jusqu'à bonne maman. Voyons, cousine, père me charge de te convaincre ; ce ne sera pas difficile, j'espère. Après toi, ce sera lui. Écoute-moi tranquillement. Et d'abord, viens t'asseoir.

(Elle s'assied sur la causeuse. Julie se place près d'elle.)

JULIE.

Je t'écoute.

LOUISE.

Depuis la mort de ton vieux baron, tu as quitté Paris, et tu es venue te réfugier chez nous, pour fuir les persécutions qui t'obsédaient, toi, si belle et si jeune encore.

JULIE.

Pas de flatterie, petite sirène! Oui, je suis venue chez vous, non pour me réfugier, comme tu le dis, car j'aurais bien su me défendre des persécutions et des fades galanteries, mais pour retrouver la seule famille qui me reste ; une famille que j'aime et qui m'aime aussi : une grand'tante dont le seul nom impose le respect ; un oncle qui est la bonté et la sagesse mêmes ; enfin une petite cousine, le plus charmant esprit et le meilleur cœur ; et tout cela réuni me rend la plus heureuse des femmes.

LOUISE.

Oui! mais il te manque quelque chose que tu n'a jamais eu — car je ne compte pas ton vieux baron : — un mari!

JULIE.

Je t'assure qu'il ne me manque rien.
(**En** souriant.)
— Et d'ailleurs, ne pourrais-je pas trouver un mari, si tu crois
que ce soit pour moi si nécessaire? Je ne suis pas aussi ambi-
tieuse que le prétend le méchant insulteur; je ne recherche pas
la fortune; un honnête homme me suffirait très-bien.

LOUISE.

Et si cet honnête homme était en même temps un homme
distingué, honorable et honoré, très-riche; s'il t'aimait déjà?
cela ne serait pas de refus, je pense.

JULIE,

Peut-être!

LOUISE.

Nous verrions bien si tu oserais le refuser!

JULIE.

Mais cet homme supérieur, et *qui m'aime déjà*, il faut d'a-
bord le trouver.

LOUISE.

Il est tout trouvé; tu le sais bien : c'est *père*.

JULIE.

Vraiment! il vient de te dire que tu déraisonnes.

LOUISE.

C'est précisément ce qui me prouve que j'ai raison, et tu vas
l'avouer toi-même.
Voyons! réponds-moi franchement.

JULIE.

Je suis sur la sellette.

LOUISE.

Oui, et tu me jures de dire la vérité?

JULIE.

Je le jure.

LOUISE.

Ne t'es-tu pas aperçue que mon père, ton oncle, quand il te parle, a de la peine à se contraindre pour te dire *vous?* il se sent gêné de te traiter avec une sorte de cérémonie.

JULIE.

Mais non, il me dit *vous* parce que je ne suis plus une enfant.... comme toi, et puis je ne suis que sa nièce.

LOUISE.

Ce n'est pas ça. Mon père t'a vue naître; il t'a fait sauter sur ses genoux ; il t'aimait comme sa fille avant de se marier, par conséquent avant que je fusse née, parce que tu ressemblais comme deux gouttes d'eau à ma bonne et chère mère, que j'ai tant pleurée, la sœur de la tienne, et qui était aussi belle que toi.

JULIE.

Finiras-tu avec tout ce verbiage?

LOUISE.

Patience!... Eh bien! mon père, qui t'a aimée comme sa fille, t'aime aujourd'hui comme il a aimé ma mère, quoiqu'il ne s'en doute pas; mais moi j'en suis sûre.

JULIE.

Tais-toi ! tais-toi ! tu me fais pleurer en me rappelant tous ces souvenirs.

LOUISE.

Ils sont bien tristes, mais aussi bien doux. Hélas! si Dieu nous enlève ceux que nous chérissons, pourquoi ne nous donnerait-il pas ceux qui peuvent nous en adoucir la perte? Eh bien! il t'a donnée à mon père, il t'a donnée à moi, il t'a donnée à bonne maman, pour remplacer l'ange qu'il a rappelée à lui.

JULIE.

Mais si Dieu m'a donnée à ton père, c'est pour remplacer le mien; il en a toute la tendresse.

LOUISE.

Ce n'est pas la même chose : donc, ne pouvant être ton père, il ne peut être que ton mari.

JULIE.

Mais!...

LOUISE.

Pas de *mais!...* Écoute. Je sais bien qu'un oncle ne peut pas épouser sa nièce comme une autre, parce que cela lui fait plaisir ; que la religion, la morale, exigent que ce ne soit qu'une exception, et pour des motifs graves — tu vois que je ne déraisonne pas trop. Mais je sais aussi que cette exception peut être accordée, précisément parce que tu es dans un de ces cas graves: jeune encore, orpheline de père et de mère, attaquée méchamment dans ta réputation, il te faut un défenseur contre les méchants, et même les galants. Est-ce vrai?... A présent, réponds!

JULIE.

Voilà ma réponse!...

(Elle l'embrasse.)   (Elles se lèvent.)

LOUISE.

Allons! c'est dit: A père, à présent !

SCÈNE VI.

LES PRÉCÉDENTS, RAYMOND.

LOUISE.

Ah! vous voilà enfin, Monsieur; c'est heureux!

JULIE.

Ne le gronde pas, Louise.

(A Raymond.)

—Il est vrai, cher cousin, que nous ne vous avons pas vu d'aujourd'hui; ce n'est pas bien. Je vous laisse avec notre *moraliste* : elle est en train de donner des leçons de raison et de sagesse : vous n'y échapperez pas.

(A Louise.)

—Sois bonne pour lui.... comme pour moi....

(Elle rentre dans l'appartement à gauche.)

SCÈNE VII.

LOUISE, RAYMOND.

LOUISE.

Voyons! Monsieur : d'où venez-vous? et soyez sincère.

RAYMOND.

Louise, je t'en prie, ne prends pas ce ton fâché. — J'ai bien assez de chagrins sans que tu m'en donnes encore.

LOUISE.

Des chagrins! et pourquoi?

RAYMOND.

Tu me le demandes?

LOUISE.

Toujours Ernest, je gage?

RAYMOND (lui présente une lettre).

Lis !

LOUISE.

De ton ami *Mac*?

(Elle lit tout haut.)

« Mon cher Raymond,

» Prends garde à Ernest. Linda était dans le cabinet de ce
» méchant drôle de Duperrin, à qui je couperai les deux oreil-
» les un de ces moments. Elle a surpris quelques mots dans
» lesquels ton nom et celui de ta chère Louise ont été prononcés.
» Il se trame quelque chose contre vous. Duperrin demandait à
» Ernest s'il connaissait l'effet produit par une certaine lettre? »
« — Ils en sont tout bouleversés, a-t-il répondu ; je les ai
» déroutés quant à l'auteur. »—« Linda n'en a pas entendu da-
» vantage, mais elle est sur la voie pour tout découvrir; tiens-toi
» pour averti. »

LOUISE.

Voilà qui est clair à présent : le coup est bien parti de là. Je
n'aurais pas cru Ernest capable de tant de perfidie : mauvais
cousin !

RAYMOND.

Vois-tu, Louise, les choses ne se passseront pas ainsi : il
faut qu'Ernest quitte la ville, ou bien je le tuerai !...

LOUISE.

Raymond ! Raymond ! que dis-tu là ?

RAYMOND.

Que fait-il ici? — rien que des méchancetés et de honteuses

orgies avec son digne patron, qui l'excite à tous les désordres. Un joueur, un débauché qui désole sa famille et la déshonore!

LOUISE.

Hélas! ce n'est que trop vrai; mais que faire?...

RAYMOND.

Je viens de le dire: qu'il parte, ou je le tue!...—C'est sûr!
(Ernest entre.)
—Ernest!!!...

SCÈNE VIII.

LES PRÉCÉDENTS, ERNEST.

ERNEST (avec un grand calme).

Raymond, on m'a dit que tu étais venu me demander?

RAYMOND (qui a peine à se contenir).

Oui, je t'ai cherché, mais je n'ai pas été assez heureux pour te rencontrer.

ERNEST.

Eh bien! me voilà.

LOUISE (avec empressement).

C'est moi qui avais prié Raymond de te dire que je désirais te parler.

ERNEST.

Je t'écoute, chère petite cousine.

LOUISE.

Tu sais que nous sommes tous fort intrigués au sujet de la lettre adressée à mon père; et comme tu lui as dit que tu croyais reconnaître l'écriture, je voulais savoir si, en effet, c'était la personne que tu soupçonnais.

RAYMOND.

Tu la connais, n'est-ce pas?

ERNEST.

Je n'en suis pas bien sûr encore, mais j'espère....

RAYMOND (prêt à éclater).

Ah ! tu espères !...

LOUISE (s'empressant de prévenir cet éclat).

Raymond, c'est moi que la lettre intéresse, moi que l'auteur trouve *trop charmante*. Laisse-moi m'en expliquer tranquillement avec Ernest, qui en a été fort irrité, à ce que m'a dit mon père ; n'est-ce pas, Ernest?

ERNEST.

Louise, ce préambule me paraît bien insidieux. Je me défie un peu de *cet interrogatoire sur faits et articles*, comme nous disons au palais. Voyons, pas d'ambages, petite cousine! soyons francs. Que me veux-tu , à propos de cette certaine lettre?

LOUISE.

Mon Dieu! pas grand'chose; c'est que tu m'expliques celle-ci.
(Elle lui donne la lettre de Mac.)

ERNEST (la lit pour lui, et sourit en la lisant).

Parbleu! le tour est excellent. Je ne croyais pas Linda aussi experte en fait de rouerie, et Blinval assez niais pour donner dans le panneau.
(Il rit.)
— Pardon, Raymond, de traiter de nigaud ton camarade Mac. A présent je puis vous dire quel est l'auteur de la lettre... C'est Linda !

RAYMOND.

Misérable menteur !...

LOUISE.

Raymond ! Raymond ! au nom du ciel , pas de querelle !....

ERNEST (avec sang froid).

Laisse-le dire, Louise, je ne lui en veux pas : il est violent et jaloux ; moi, je suis calme et désintéressé dans toute cette affaire; tu le sais bien. Je ne vous demande qu'une chose, c'est de m'é-couter de sang froid.

Je suis obligé d'entrer dans quelques petits détails de coulisses, peu dignes de toi, cousine, mais indispensables *pour l'intelli-gence de la cause*, — je plaide la mienne.

Linda, comme tu le sais sans doute Raymond, quoique tu ne fréquentes pas les coulisses, vrai sage que tu es; Linda, dis-je, est la sultane favorite du digne descendant de Mahomet, tout chrétien qu'il est, de Duperrin. Or, ladite sultane a pris en grande jalousie la belle vicomtesse, et a juré de se venger de son infidèle.

RAYMOND (avec emportement).

Quel conte nous faites-vous là !

LOUISE.

Raymond !... Continue, Ernest; ton histoire est fort instruc-tive et divertissante. Au fait, il vaut mieux en rire que de s'en fâcher.

ERNEST.

N'est-ce pas Louise ? Allons ! déride-toi, cousin ; tu vois bien que vous n'êtes pour rien dans tout cela.

Donc, ton bon enfant de *Mac-Raoul* a pris fait et cause pour sa chère *Valentine*. De là, sa colère contre Duperrin —*inde iræ !*—

tu sais le latin, toi! Et voilà la clé de l'énigme que je cherchais. Voyez pourtant comme les choses se découvrent! Et moi qui croyais, avec Duperrin, que l'écrivain était un des adorateurs de Julie éconduits par elle. —Quel démon que cette Linda!

Je vais tout conter à Duperrin, qui m'amusera bien aussi; il va être furieux contre elle: il en est fou. Pauvre maître! se laisser prendre comme un enfant!...

(A Raymond, à qui il présente la main.)

—Allons, touche-là, Raymond! Plus de jalousie, je t'en prie: compte bien sur mon amitié pour Louise et pour toi. —Allez raconter cette histoire à bonne maman; elle en rira bien aussi. —Au revoir!

(Il sort.)

SCÈNE IX.

LOUISE, RAYMOND.

RAYMOND.

Que dis-tu de cet effronté?

LOUISE.

Qu'il est malin comme un singe; mais je suis plus fine que lui.

(Elle s'assied sur la causeuse; Raymond se place près d'elle.)

RAYMOND.

Je ne crois pas un mot du conte qu'il vient de nous faire.

LOUISE.

Tout n'est pas vrai, peut-être; il y a quelque chose qui m'embarrasse.

RAYMOND.

Quelle idée que Linda, bonne fille s'il en fut, ait pu imaginer cette odieuse calomnie contre notre excellente et digne cousine, d'un esprit si élevé, d'un cœur si pur !

LOUISE.

Et puis, cette lettre n'est pas d'une femme : il y a trop de recherche et de calcul ; ce ne peut être que d'un homme du métier.

RAYMOND.

Mais alors, qui peut-il être?

LOUISE.

Je cherche... Ernest vient de nous dire qu'il croyait, avec Duperrin, que c'était quelque adorateur de Julie éconduit par elle. Sans doute elle est belle, et a été naturellement fort courtisée à Paris ; mais nos dandys sont trop amoureux de leur personne et trop absorbés par leurs chevaux et leurs levriers, sans compter le cigare, pour s'occuper d'elle. Ils sont d'ailleurs si lourds et si bêtes quand ils veulent faire les gentils !

Non ! je n'en vois qu'un parmi les nôtres, ou un étranger ; tous deux repoussés par Julie : le nôtre avec indignation, l'étranger avec une politesse froide et sévère.

RAYMOND.

Quels sont-ils ?

LOUISE.

L'un, le digne maître d'Ernest.

RAYMOND (s'écrie).

Duperrin !

LOUISE.

L'autre, le vicomte Desgrieux.

RAYMOND.

Ah ! le fat parisien ! le beau joueur qui gagne toujours ;...
mais d'où sais-tu ?...

7

LOUISE.

Julie m'a tout confié ; je suis discrète, et je ne t'en aurais rien dit sans l'aventure de la lettre.

RAYMOND.

Quel audacieux coquin que ce Viperrin ! bonne maman l'a bien nommé. Eh bien ! je m'en prendrai au patron de la perfidie de l'élève. Quant au noble vicomte, je me charge de lui dire qu'il est un insolent d'oser jeter les yeux sur Julie pour ses galanteries blasonnées.

LOUISE.

Oh ! son blason ! qui sait d'où il sort?... Julie m'a dit aussi certaines choses....

RAYMOND.

Ne puis-je les savoir ?

LOUISE.

Pas encore !... Tu es trop vif : tu gâterais tout avec tes emportements.

RAYMOND.

Et comment veux-tu que je sois calme, quand je vous vois, Julie et toi, poursuivies par tous ces drôles ! Oh ! il arrivera quelque malheur, si ces indignes scélératesses ne finissent pas bientôt.

(Avec une vive tendresse.)

— Louise ! ma bien aimée Louise ! l'idée seule de te perdre me rend capable de tout. — Cet Ernest qui t'a aimée, qui t'aime encore....

LOUISE.

Non, il me hait, je t'assure.

RAYMOND.

Il te hait, parce qu'il t'aime ; et qui sait jusqu'où sa mauvaise

nature peut le porter, surtout inspiré par cet infernal Duperrin?...
Un enlèvement peut-être!...

LOUISE.

Tu peux penser qu'il oserait?... Ne crains rien, il est trop
lâche pour se hasarder à une telle violence. Il me connaît, et a
trop peur de toi.

Raymond! mon ami! je t'en conjure encore: contiens-toi;
laisse-moi démêler toutes ces perfidies avec Julie. Nous sommes
femmes: aie confiance en nous. Promets-le-moi!

RAYMOND.

Je te le promets.

LOUISE.

Sur l'honneur?

RAYMOND.

Sur l'honneur.

LOUISE.

Je te crois.

(Elle se lève, ainsi que Raymond.)

—Pour te récompenser, je te permets de prendre ce que tu m'as
souvent demandé.

RAYMOND (d'un ton d'effroi).

O ciel! un baiser!...

LOUISE (souriant).

Cela t'effraie?... Oui, un baiser.

RAYMOND (naïvement).

Bien vrai!

LOUISE.

Comment, bien vrai? vois!

(Elle se prépare à recevoir le baiser.)

RAYMOND (s'avance, puis recule).

Non! non!... ta main seulement.

LOUISE.

Allons, capitaine ! bon courage !

RAYMOND (lui fait un baiser du bout des lèvres et recule bien vite).

Ça brûle !...

SCÈNE X.

Les précédents, LA BARONNE (les surprend).

LA BARONNE.

Ah ! je vous y prends !...

RAYMOND.

Bonne maman, ce n'est pas moi.

LA BARONNE.

Comment, ce n'est pas toi ! Je t'ai bien vu peut-être !

RAYMOND.

Je vous jure que c'est elle.

LA BARONNE.

Elle !... Eh quoi ! c'est toi, Louise ?

LOUISE.

Mais oui , bonne maman : Raymond m'a promis d'être bien sage, et je lui ai permis de m'embrasser.

LA BARONNE.

Le bon moyen qu'il tienne sa promesse ! C'est joli, Mademoi-

selle ! Vous n'attendez pas qu'on vous demande ; c'est vous qui
donnez...

LOUISE.

Il le faut bien, quand on a affaire à un poltron.

LA BARONNE.

Un capitaine de chasseurs d'Afrique !...

RAYMOND.

Qui ne craindrait pas une charge à fond de train, et qui
tremble devant une enfant qu'il adore.

LOUISE.

Et n'ose pas accepter un baiser. Bonne maman, je vous assure
que c'est le premier, et par exception.

LA BARONNE.

Ce ne sera pas le dernier, j'espère. Raymond, c'est bien !
(A Louise.)
—Et toi, ne l'encourage pas trop pourtant. Mais à propos de
quoi t'a-t-il fait cette grande peur ?

LOUISE.

Ceci est très-sérieux, bonne maman.

LA BARONNE.

Dans ce cas, asseyons-nous. A côté de moi, Mademoiselle.
(Elle s'assied sur la causeuse avec Louise. Raymond prend un siége près d'elles.)

LOUISE.

Et d'abord, bonne maman , lisez cette lettre que Mac a écrite
à Raymond.
(Elle donne la lettre à la baronne, qui la lit tout bas et fait des haut-le-corps
d'impatience.)

LA BARONNE.

Les polissons ! Ce Viperrin ! comme je l'ai bien nommé ! c'est lui qui a entièrement perverti Ernest. Qu'il vienne, le petit drôle ! c'est moi qui lui donnerai son congé, et de la belle manière.

LOUISE.

Il est entré tout juste au moment où je venais de lire la lettre et où Raymond, dans sa colère, s'écriait qu'il le tuerait. J'ai eu une peur !

LA BARONNE.

Et bien ?...

LOUISE.

Et bien ! Ernest s'est moqué de nous, en nous débitant une histoire fort étrange, qui n'est certainement qu'un conte. Raymond en a été si étourdi qu'il n'a plus bougé.

LA BARONNE.

Mais c'est un petit Lucifer que ce gamin-là ! Quelle était donc cette histoire ou ce conte ?

LOUISE.

Il dit que c'est Linda qui a écrit la lettre à mon père, par jalousie contre la vicomtesse, à qui Duperrin fait la cour, comme il a voulu la faire à Julie. Par là, Linda espérait brouiller Duperrin avec mon oncle, en attaquant Julie et en parlant mal aussi de moi, comme étant d'accord avec Ernest, ce qui devait fort irriter Raymond.

LA BARONNE.

Quel galimatias me fais-tu là ? Et vous avez cru à cette bourde !... niais que vous êtes. Et d'abord, dans la lettre il n'est pas dit un mot de la vicomtesse.

LOUISE.

J'y ai pensé comme vous, bonne maman ; mais j'ai feint de m'y laisser prendre et d'en rire comme Ernest, pour éviter un éclat terrible de la part de Raymond.

LA BARONNE.

Tu as bien fait : des fripons comme ceux-là, il faut les tuer, non pas à coups d'épée ou de pistolet, mais à coups de malice et de ridicule.

—A propos de malice, sais-tu, bijou d'enfant, que tu m'en remontrerais! Julie m'a fait part de ton idée, que je trouve ravissante. Certes, moi qui m'en pique, je ne me serais jamais avisée de celle-là. Comment ! marier Julie avec ton père, précisément comme l'insinue traîtreusement le machinateur de la lettre ; mais c'est un coup de maître ! Il a cru faire une grande méchanceté ; mais si tu parviens à décider Saint-Remy, comme tu as décidé Julie, tu auras tué le calomniateur, en lui enlevant son prétexte à calomnier. Je t'y aiderai.

RAYMOND.

Eh quoi! Louise , tu as eu cette bonne idée ?

LOUISE.

Mais certainement ! Et je la trouve toute naturelle , toute sage.

LA BARONNE.

Quand je vous dis que c'est un lutin d'esprit !

LOUISE.

Dites de raison, bonne maman.

LA BARONNE.

Ne perdons pas de temps : commençons l'attaque. Ton père est dans son cabinet ; je vais le mander.

(A Raymond.)

—Sonne, Raymond.

(Raymond sonne. Un domestique parait.)

LA BARONNE.

Jean, dites à Monsieur que j'ai à lui parler.

(Le domestique sort.)

RAYMOND.

Il y aurait de l'indiscrétion à rester en tiers à cette entrevue.
Je vais savoir de Mac si depuis sa lettre rien n'est survenu.

LA BARONNE.

Vas, mon garçon, et reviens nous conter les nouvelles.

(Raymond sort.)

(A Louise.)

—A nous deux à présent à bien manœuvrer. Nous avons affaire
à forte partie. C'est à toi à ouvrir le feu ; je serai le corps de
réserve.

SCÈNE XI.

LES PRÉCÉDENTS (moins RAYMOND), SAINT-REMY.

(Louise va au-devant de Saint-Remy.)

SAINT-REMY.

Bonne mère , Jean vient de me dire que vous désirez me
parler.

LA BARONNE.

Ce n'est pas précisément moi, mais Louise.

LOUISE.

Oui, père ; assieds-toi.

(Elle reprend sa place sur la causeuse.)

SAINT-REMY (sourit; il prend un siége et s'assied près d'elle).

Je t'écoute.

LOUISE.

Tu nous a quittées tout à l'heure pour me laisser causer avec Julie sur un sujet bien intéressant. Il s'agissait du moyen que j'ai imaginé de punir l'écrivain anonyme de sa méchante invention; et tu m'as dit que si je parvenais à convaincre Julie, il me resterait à te convaincre aussi que mon moyen est le meilleur. C'est pour cela que bonne maman t'a fait prier de venir lui parler.

SAINT-REMY.

Oh! dès que bonne mère est avec toi, je n'ai qu'à me bien tenir.

LOUISE.

Ne te moque pas de moi, père : c'est très-sérieux.

SAINT-REMY.

Je te répondrai très-sérieusement aussi.

LA BARONNE.

L'affaire s'engage bien. Explique-toi, Louise.

LOUISE.

Je commence. Lis cette lettre de Mac.

(Saint-Remy lit pour lui.) (Elle lui remet la lettre.)

SAINT-REMY (lui rend la lettre).

J'ai lu. Julie connaît-elle cette lettre?

LOUISE.

Non, père.

SAINT-REMY.

Tu l'avais donc convaincue avant?

LOUISE.

Tout à fait, père.

SAINT-REMY.

C'est bien !... A mon tour à présent.

LOUISE.

Oh ! pour toi, ce sera bien plus facile.

SAINT-REMY (souriant).

Tu crois ?

LOUISE.

Mon Dieu ! oui... Je pouvais craindre que Julie, par cela même qu'on l'accusait d'abuser de ton amitié pour elle, dans le but de t'amener à ce point de séduction de lui donner ton nom avec la jouissance de ta fortune ; je pouvais craindre, dis-je, qu'avec sa grande délicatesse de sentiment, Julie ne vît dans ce mariage que la justification même de cette odieuse accusation.

LA BARONNE.

Comme elle raisonne juste, cette enfant !

LOUISE.

N'est-ce pas, bonne maman ?... Je continue.
Eh bien, père ! sais-tu ce qui l'a emporté sur cette objection toute naturelle, et que j'attendais ?

SAINT-REMY.

Parle !

LOUISE.

C'est que Julie t'aime.

SAINT-REMY (fait un mouvement).

Sans doute elle m'aime, cette bonne nièce, et je l'aime aussi de tout mon cœur.

LOUISE.

Entendons-nous, père. Julie t'aime, mais autrement qu'on aime un oncle ; et toi tu l'aimes autrement qu'on aime une nièce.

SAINT-REMY (affectant le calme).

Et tu as vu cela, toi ? Et Julie te l'a dit ?

LOUISE.

Oh non ! cela ne se dit pas ; mais elle a pleuré et m'a embrassée pour toute réponse.

LA BARONNE.

Bravo petite ! jusqu'à présent le corps de réserve n'a pas à donner. La victoire est complète d'un côté ; à présent, à l'autre.

LOUISE.

Père, me permets-tu d'être sincère avec toi, comme je l'ai été avec Julie ?

SAINT-REMY.

Oui certes, je te le demande même.

LOUISE.

Eh bien ! réponds-moi avec la même sincérité.

Quand tu es seul avec Julie, n'éprouves-tu pas un certain embarras à lui parler, comme si tu avais quelque chose à lui dire, autre que ce qu'on dit à une nièce ?

SAINT-REMY.

Tu es pressante, Louise !... mais il me semble qu'un oncle peut parler de tout à sa nièce.

LOUISE.

Oui ! de tout ce qui est bonne amitié, mais non pas amour.

SAINT-REMY.

Amour !... mais , à mon âge et au sien , ce serait plus que ridicule : je pourrais être son père. Moi, près de soixante ans ; elle , à peine trente.

LA BARONNE.

Pardon , Saint–Remy ! je suis intéressée à ce que vous ne vous vieillissiez pas. Songez que vous êtes mon petit-fils , et que si vous avez soixante ans je dois en avoir quatre-vingt dix-huit. Or, je n'en ai que quatre-vingt treize : donc , vous n'en avez que cinquante–cinq.

LOUISE.

Ce compte est très–juste , père.

LA BARONNE.

Quoique la jeune garde n'ait pas besoin de renfort , je réclame ma part de gloire.

Je dis donc que Louise a une excellente idée ; qu'alors même que vous n'aimeriez Julie que de simple amité , cette amitié vous imposerait le devoir de la défendre contre les calomnies anonymes , aussi bien que contre les mauvais commérages de notre monde de province , qui en remontrerait aux commères du monde de Paris.

Les basses turpitudes qui partent certainement du repaire Viperrin ne vous permettent pas d'hésiter un moment à prendre hautement en main cette défense ; et le moyen trouvé par cette enfant est sans contredit le meilleur.

SAINT-REMY (très-ému).

Vous le croyez aussi, bonne mère ! Eh bien ! je vais faire comme Julie.

(Il se lève.)

Je répondrai à Louise, en l'embrassant...

(Louise fait un bond et lui saute au cou.)

LOUISE.

C'est moi qui pleure, père ! et de joie.

(Elle court vers l'appartement de Julie à gauche, ouvre la porte vivement et l'appelle.)

Julie !... Julie ! viens donc !....

SCÈNE XII.

LES PRÉCÉDENTS, JULIE (accourant).

JULIE.

Qu'est-ce donc, Louise ? Tu m'as fait un effroi !....

LOUISE.

Embrasse-moi bien fort !.. J'ai convaincu père comme toi !...

(Julie l'embrasse, et tend la main à Saint-Remy.)

JULIE.

Ah ! mon ami, que vous êtes bon !

LA BARONNE.

Que dis-tu, Julie ? Parbleu ! c'est bien toi qui es bonne, de prendre un vieux compagnon....

(Raymond entre précipitamment.)

Mais voici Raymond qui vient nous conter ses nouvelles.

SCÈNE XIII.

LES PRÉCÉDENTS, RAYMOND.

LA BARONNE.

Te voilà tout effaré, mon garçon !...

RAYMOND.

Ce n'est pas sans sujet, bonne maman, tout le voisinage de Duperrin est en émoi.

LA BARONNE.

Est-il mort, le Viperrin ? quel bonheur !

RAYMOND.

Non ! mais il a été joliment fustigé.

LA BARONNE.

Et quel est le brave garçon ?

RAYMOND.

Mac !

LA BARONNE.

Ah ! parbleu ! cette fois le *Basile-Figaro* a reçu sa volée de bois vert ! Conte-nous donc ça bien vite.

(Ils s'empressent tous autour de Raymond.)

RAYMOND.

Au moment où j'entrais chez Mac, je l'ai vu arriver tout rouge encore de l'aventure.

Vous savez ce qu'il m'avait dit dans sa lettre, que Linda espérait découvrir l'auteur de la lettre anonyme. Elle a si bien fait, si bien câliné Duperrin, qu'il lui a avoué que c'était lui, et qu'il

l'avait dictée à la vicomtesse, ou plutôt à la prétendue vicomtesse Desgrieux.

LA BARONNE.

Que dis-tu? la prétendue vicomtesse!... Est-ce que ce serait
de la fausse monnaie, par hasard? Eh bien! je m'en doutais.

RAYMOND.

Mais oui.

LOUISE.

Bonne maman, laisse donc dire Raymond.

RAYMOND.

Là-dessus Ernest a pris la parole, et a dit que pour nous
donner le change et par plaisanterie, il avait mis la lettre sur
le compte de Linda elle-même; vous jugez de sa colère. Elle n'a
rien eu de plus pressé que d'aller tout conter à Mac.

LA BARONNE.

Ceci devient trop bouffon, ma foi!

RAYMOND.

Et Mac, tout furieux de voir Linda, qu'il aime, mêlée à cette
dégoûtante affaire, est accouru chez Duperrin, et lui a dit pour
premier mot qu'il n'était qu'un méchant drôle! Il ne s'agissait
pas cette fois d'*ut de poitrine*, mais d'une odieuse noirceur, d'une
lâche calomnie envers une famille qu'il honorait et à laquelle
j'appartenais, moi, son camarade. Et sans plus raisonner, il a
cinglé de quelques bons coups de cravache l'auteur de cette in-
famie. Ernest, qui a voulu s'en mêler, en a eu des éclabous-
sures.

LA BARONNE (riant aux éclats).

Ah! le bon tour! Le brave garçon que ton Mac! je l'em-
brasserai à la première rencontre.

SAINT-REMY.

Ceci est grave, bonne mère : l'emportement de Mac peut avoir pour lui des suites fâcheuses.

LA BARONNE.

Allons donc ! il a bien fait ; il en sera quitte pour quelques jours de prison. Après la flagellation, que s'est-il passé ?

RAYMOND.

« Vous vous battrez peut-être enfin, Monsieur ! » a dit Mac à Duperrin. — « Moins que jamais avec un misérable histrion » comme vous : c'est aux tribunaux à en faire une sévère jus- » tice. » Mais voici l'imprévu de l'aventure.

LA BARONNE.

Encore !

RAYMOND.

Dumonceau est entré sur ces entrefaites ; il était tout boule-versé : des agents de police sont allés chez lui pour y rechercher M. Desgrieux.

LA BARONNE.

Ah ! notre beau vicomte !

RAYMOND.

Qui n'est autre qu'un beau chevalier d'industrie, un de ces *grecs* experts dans l'art de diriger la fortune, et qui exerce de-puis six mois au grand Cercle, avec un succès habilement pro-gressif et une adresse si grande qu'on ne s'en est aperçu qu'hier seulement. Mais son meilleur tour est d'avoir *filé*, non pas *la carte*, mais *en personne* : à l'heure qu'il est, notre vicomte est à Londres, où il a donné rendez-vous à sa vicomtesse.

LA BARONNE (riant).

Ah ! je conçois le désespoir du gros Dumonceau : il doit faire plaisir à voir.

RAYMOND.

Plût à Dieu pour lui que sa dulcinée eût *filé* aussi ; mais la police y a mis bon ordre. La chère dame eût été conduite sous bonne garde à la préfecture, si Dumonceau ne se fût porté caution pour elle, et n'avait été supplier le préfet de ne pas faire un éclat.

LA BARONNE.

Mais tout cela est fantastique, mes enfants...

JULIE.

Non, bonne maman, tout cela est fort triste, au contraire ; je déplore de voir une femme, quelle qu'elle soit, mêlée à de si honteuses affaires.

LA BARONNE.

Par exemple ! est-ce que ces femmes-là sont des femmes ?...

SAINT-REMY.

Julie a raison, bonne mère : il en rejaillit toujours quelque chose sur toutes comme solidarité, non pas des actes eux-mêmes, mais du sexe tout entier.

Je vais me mettre à la disposition de Dumonceau pour les suites de ce très-fâcheux incident.

LA BARONNE.

Mais après diner, j'espère.

(Un domestique entre et dit, en ouvrant la porte du fond à deux battants :)

LE DOMESTIQUE.

Madame la baronne est servie.

(Saint-Remy donne le bras à la baronne, qui lui dit en marchant :)

LA BARONNE.

Nous boirons à la santé du Viperrin : il doit en avoir bon besoin.

(Ils sortent.)

FIN DU QUATRIÈME ACTE.

PERSONNAGES

DE L'ACTE CINQUIÈME.

Le PRÉSIDENT du tribunal de première instance.

Deux JUGES, personnages muets.

Le PROCUREUR IMPÉRIAL.

Le GREFFIER.

Un HUISSIER.

M⁰ ROQUET, bâtonnier, avocat de Duperrin (50 ans), esprit lourd, faisant le railleur; accent fortement méridional.

M⁰ HENRI BERNARD, jeune avocat du barreau de Paris, distingué d'esprit et de manières.

Trois AVOCATS.

ACTE CINQUIÈME

Le théâtre représente l'intérieur d'une salle d'audience du tribunal de première instance.

Le siége du tribunal est élevé sur une estrade. On y monte par des marches.

Trois fauteuils au centre pour le président et les deux juges. ·

A la gauche du théàtre, et sur une estrade aussi, est le siége du ministère public, avec son escalier.

A la droite et en face, sur une estrade, celui du greffier.

Si on préfère un plancher pour éviter cette disposition des trois estrades et n'avoir qu'un seul escalier du côté de la porte par laquelle entre le tribunal, cela simpliflera cette partie de la scène, qui n'exige pas beaucoup de profondeur. On pourrait n'exhausser le plancher que d'un demi-mètre, pour n'avoir besoin que d'une seule marche. Cette hauteur suffirait pour ne pas laisser le tribunal de plain-pied avec l'enceinte de la salle d'audience. C'est à décider entre les deux dispositions, sous le rapport de la simplicité, de la commodité et de la solidité.

Une barrière limiterait l'étendue du siége du tribunal.

En dehors de la barrière serait élevée l'estrade de même hauteur que le siége du tribunal, pour y placer les prévenus.

En face serait le siége de l'huissier.

Au-dessous du siége des prévenus serait le banc des avocats.

Au-dessous de celui de l'huissier, le banc des témoins.

Derrière les fauteuils du président et des juges seraient des siéges pour les personnes auxquelles le tribunal permettrait d'assister à l'audience, à part du public.

La rampe serait censée être la barrière qui séparerait le public de l'enceinte du tribunal.

SCÈNE PREMIÈRE.

Au lever du rideau, Me Roquet, Me Henri Bernard, les trois avocats, le greffier et l'huissier sont en scène.

Les avocats et l'huissier, dans l'enceinte de plain-pied.

Le greffier, sur son siége; il écrit.

Me ROQUET, Me Henri BERNARD, les trois AVOCATS, l'HUISSIER.

Me ROQUET (à Henri Bernard).

Parbleu! mon jeune confrère, je suis enchanté de vous avoir pour adversaire. Comment donc! un des élèves chéris de l'il—

lustre Berryer ! Mais c'est un insigne honneur pour un humble bavard provincial tel que moi!

H. BERNARD.

C'est vous qui me faites honneur, éminent bâtonnier ! Je me suis empressé de me rendre à l'appel de mon ami Raymond, pour défendre son cher compagnon d'armes, Mac-Gregor, contre l'une des célébrités du barreau méridional, où j'aspire à prendre un jour ma modeste place.

PREMIER AVOCAT.

Bien riposté, Henri ! Ce cher Roquet ! il croyait avoir affaire à quelque tourlourou stagiaire.

(Il déclame.)

>. . . . . «Mais aux âmes bien nées,
> La valeur n'attend pas le nombre des années.»

Mᵉ ROQUET (à Bernard, en lui présentant la main).

Touche-là, mon petit *Rodrigue* de la basoche (il y a aussi un Rodrigue de beaucoup de mérite au barreau de Paris). Bah! au palais l'esprit est une arme qui ne tue pas, et j'espère bien ne pas mourir de ton *coup de maître.* J'ai une *Chimène* aussi, et elle ne te pardonnerait pas le meurtre de son père.

Et qui sait si un jour?.... pourquoi pas? Tu es un gentil garçon. Le papa Bernard — *don Diège* — est un richard, qui, de fermier, est devenu un gros propriétaire, à la façon de Dumonceau.

DEUXIÈME AVOCAT.

Tiens ! c'est une idée !... Ah ! maître *don Gomez,* vous avez peur !... te voilà vaincu à moitié.

TROISIÈME AVOCAT.

Prends garde, Henri ! il veut te prendre par le sentiment.

M⁰ ROQUET.

Mauvais plaisant !
(A Bernard d'un ton pathétique.)
— Crois-moi, mon fils !... je sens que je t'aime.
(Il déclame.)

«Ne cherche pas à faire un coup d'essai fatal ;
Délivre ma valeur d'un combat inégal:
Trop peu d'honneur pour moi suivrait cette victoire.»

H. BERNARD.

« A vaincre sans péril, on triomphe sans gloire. »

PREMIER AVOCAT.

Bravo ! voilà un début qui promet.
(A Roquet.)
— Tu as voulu le tâter, attrappe !
(On ouvre la porte de la salle d'audience.)
— Quelle foule ! on étouffe pour entrer dans la salle ; elle va
être comble.

DEUXIÈME AVOCAT.

On dit que la vieille douairière de Rochevive doit assister aux
débats. C'est celle-là qui a la langue bien pendue. Elle lève,
comme on dit, la première peau. Et bientôt cent ans ! c'est merveilleux !

TROISIÈME AVOCAT.

Dis donc, Roquet, est-il vrai que ton client est parti pour
Paris ?

PREMIER AVOCAT.

C'est comme ça qu'il fait toujours. Quand il a bien *saigné*
quelqu'un dans son *Figaro méridional*, il file...

DEUXIÈME AVOCAT.

La maligne baronne l'a bien nommé *Viperrin*.

Mᵉ ROQUET.

Doucement, Messieurs les médisants; vous ne parleriez pas si haut s'il était là.

TROISIÈME AVOCAT.

Il est brave ! qui ne l'est pas ? Mais on lui a ôté son arme favorite, sa *lancette*. — Le maudit barbier, comme dirait *Bartholo*, ne chantera plus : « *Figaro ci ! Figaro là !* », de par arrêté du préfet.

Mᵉ ROQUET.

Peut-être !

(L'huissier, qui pendant ce colloque était sorti par la porte de côté, par laquelle doit entrer le tribunal, revient.)

L'HUISSIER.

Messieurs les avocats, à vos places : l'audience va commencer.

(Les trois avocats, à l'exception de Roquet et de Bernard, qui restent dans l'enceinte du tribunal, vont se placer sur le banc au-dessous du siége des prévenus.)

SCÈNE II.

LES PRÉCÉDENTS, LA BARONNE DE ROCHEVIVE, SAINT-REMY.

(Ils entrent par la porte d'où l'huissier est entré.)

L'HUISSIER (allant au-devant d'eux).

Madame la baronne, M. de Saint-Remy, veuillez prendre place.

(Il leur désigne les fauteuils derrière ceux du tribunal, et sort par la même porte.)

LA BARONNE (apercevant Henri Bernard).

Eh bonjour, mon petit *Gerbier !* — c'était le Berryer de mon temps. — Viens donc me toucher la main, brave enfant ! Tu es accouru au secours de notre ami Mac contre le Viperrin.

SAINT-REMY.

Bonne mère! nous ne sommes pas ici chez nous.

LA BARONNE.

Bah! le Tribunal n'est pas encore là.

H. BERNARD (est allé auprès de la baronne qui lui prend la main.)

Merci! Madame la baronne, de ce que vous voulez bien me dire d'obligeant et de flatteur; c'est pour moi un bonheur et un honneur dont je m'efforcerai de me montrer digne.
(A Saint-Remy.)
— Permettez que je vous serre la main, M. de Saint-Remy.
(Ils se serrent la main.)

SAINT-REMY.

Avec grand plaisir, mon ami.

H. BERNARD.

Madame d'Harcour et Mademoiselle Louise n'assisteront-elles pas à l'audience?

LA BARONNE.

Louise en meurt d'envie; mais Julie est une poltronne qui craint le bruit et l'éclat. Elles sont dans une maison voisine, où elles attendront le message que j'ai promis de leur envoyer pour assister au triomphe de Mac.

Mᵉ ROQUET (qui est allé s'asseoir au banc sous le siége de l'huissier).
(A part.)
Son triomphe!... nous verrons bien.

L'HUISSIER (rentre et crie).

L'audience! l'audience!
(On entend une grande rumeur dans la salle. Henri Bernard va se placer au banc des avocats.)

SCÈNE III.

LES PRÉCÉDENTS, LE PRÉSIDENT, LE PROCUREUR IMPÉRIAL
ET LES DEUX JUGES.

(A l'entrée du Tribunal, la baronne et Saint-Remy se sont levés, ainsi que les avocats.)

LA BARONNE.

Votre très-humble servante, Monsieur le président, Monsieur le procureur impérial, Messieurs les juges.

(Elle leur fait la révérence ; Saint-Remy les salue. Le président, le procureur impérial et les juges leur rendent leur salut.)

LE PRÉSIDENT (après s'être assis et couvert ; les avocats s'asseyent).

L'audience est ouverte.

(A l'huissier.)

— Huissier, faites entrer le prévenu.

(L'huissier va vers une des portes latérales à la droite du théâtre ; il entre dans une salle contiguë à l'enceinte du tribunal et en revient avec Mac-Grégor, qui se place au banc des prévenus).

LE PRÉSIDENT.

Nous allons procéder à l'interrogatoire du prévenu.

(Vif mouvement d'attention qui se manifeste dans l'auditoire par une légère rumeur.)

Huissier, faites faire silence.

L'HUISSIER (à très-haute voix).

Silence, Messieurs !

LE PRÉSIDENT (avec bonté à Mac).

Monsieur, veuillez dire au Tribunal vos nom, prénoms, qualité, profession, domicile. L'assignation vous qualifie ainsi : *Blinval*, artiste dramatique.

MAC.

Monsieur le Président, Blinval est, en effet, mon nom de

théâtre ; mais mon véritable nom est *Mac-Grégor*, d'une noble famille irlandaise passée en France depuis le règne d'Élisabeth, et, de père en fils, au service de la France.

Il ne reste d'elle que moi et ma sœur, mariée à Dublin à l'un des derniers rejetons des Cliffort, membre de la chambre des Communes, noble famille irlandaise aussi, étroitement liée d'amitié à la nôtre.

LE PRÉSIDENT.

Vous avez servi dans le 1er régiment des chasseurs d'Afrique, en qualité de lieutenant, en même temps que M. Raymond, capitaine, et vous en êtes sorti bien jeune encore, ayant devant vous un bel avenir. Pouvez-vous nous en dire les motifs ? Le Tribunal aime à croire qu'ils n'ont rien qui ne se puisse avouer.

MAC (avec chaleur).

Oui certes, Monsieur le Président : les Mac-Grégor n'ont jamais forfait à l'honneur. Je puis vous produire les attestations les plus bienveillantes, je pourrais dire les plus flatteuses, de mon colonel et de mes autres chefs de corps. — Je ne parle pas de mon cher camarade Raymond, dont l'amitié pourrait affaiblir le témoignage. — Tous ont bien voulu m'exprimer des regrets pleins de bonté.

La seule passion du théâtre m'a fait abandonner la noble carrière des armes. C'est un entraînement que je me reproche, mais auquel je n'ai pu résister.

J'ai espéré pouvoir l'accorder avec les sentiments d'honneur, qui sont en quelque sorte ma vie et ennoblissent toutes les professions : celle des beaux-arts est noble par elle-même.

LA BARONNE.

Bien ! bien ! mon brave Mac ! il m'a touché jusqu'aux larmes.

(Rumeur dans l'auditoire.)

LE PRÉSIDENT (se tournant vers la baronne).

Pardon ! Madame la baronne...

LA BARONNE.

C'est moi qui m'excuse , Monsieur le Président.

L'HUISSIER (au public).

Silence , Messieurs !

LE PRÉSIDENT (à Mac).

M. Mac-Grégor, vous connaissez le délit dont vous être prévenu et qui a motivé la plainte de M. Duperrin ?

MAC.

Oui, Monsieur le Président. Je m'accuse d'avoir cédé à une vive irritation contre M. Duperrin, qui, sous un pseudonyme, dépassait envers moi toutes les bornes de la critique la plus malveillante dans le *Figaro méridional.* Je l'eusse méprisée si elle n'eût touché qu'à mon faible talent d'artiste ; mais il l'a poussée jusqu'à m'outrager dans mon honneur de soldat, et c'est pour le forcer à m'en rendre raison que je me suis livré à cette extrémité.

LA BARONNE.

Heureusement que son méchant drôle de *Figaro* est bien et dûment enterré. J'en remercie M. le Préfet.

LE PRÉSIDENT (se tournant vers la baronne).

Madame la baronne !...

SAINT-REMY.

Je vous en supplie, bonne mère !

(On rit dans l'auditoire.)

LE PRÉSIDENT.

Huissier, faites donc faire silence !

L'HUISSIER (allant vers l'orchestre, où est censé placé le public , d'une voix
retentissante).

Silence donc, Messieurs !

LE PRÉSIDENT (à Mac).

Mais, en outre des attaques du journal , n'aviez-vous pas
d'autre motif de vous porter à cet acte de violence contre M. Duperrin ?

MAC.

Je l'avoue, Monsieur le Président. Une infâme lettre anonyme
contre une personne appartenant à la famille que j'honore le
plus (le Tribunal me permettra de ne pas la nommer), a été
attribuée par lui à une artiste que... j'estime, entièrement innocente d'une telle méchanceté, qui n'est qu'une lâcheté odieuse.
Cette perfidie a ajouté à mon indignation.

UNE VOIX (dans l'auditoire.)

Très-bien ! très-bien !

LE PRÉSIDENT.

Je préviens le public qu'on doit s'abstenir de toute approbation ou improbation.

L'HUISSIER.

Silence donc, Messieurs !

LE PRÉSIDENT (à Mac).

Asseyez-vous.

Nous allons passer à l'interrogatoire des témoins. Il est inutile
d'interroger ceux qui n'ont qu'à déposer sur le fait dont M. Mac-
Grégor s'accuse lui-même ; c'est sur la cause la plus grave qui

l'a provoqué, *la lettre anonyme*, que le Tribunal désire principalement s'éclairer. Tout acte de ce genre, qui tend à nuire méchamment et dans l'ombre, est une action honteuse qu'on ne saurait trop flétrir.

LA BARONNE.

Oui, certes, Monsieur le Président !

LE PRÉSIDENT (se tournant vers la baronne).

Madame la baronne ! je vous en supplie encore !...

L'HUISSIER.

Madame la baronne, M. le Président vous en supplie encore !

LE PRÉSIDENT.

Silence, huissier !

(On rit dans l'auditoire.)

L'HUISSIER.

Silence, Messieurs !...

LE PRÉSIDENT.

Huissier, allez dire à MM. Dumonceau, Raymond et Ernest, assignés comme témoins, qu'ils peuvent se retirer, à moins qu'ils ne désirent assister aux débats ; en ce cas, ils se placeraient au banc des témoins, pour être interrogés, s'il y a lieu.

(L'huissier va vers une porte latérale opposée à celle par laquelle est entré Mac-Grégor ; il entre dans la salle des témoins, et en ressort avec Dumonceau, Raymond et Ernest.)

LE PRÉSIDENT (s'adressant à eux).

Veuillez vous asseoir, Messieurs, au banc des témoins.
(A l'huissier.)
— Huissier, faites venir Mademoiselle Linda.

(L'huissier rentre dans la salle des témoins ; il en resort avec Linda. Elle est en toilette élégante.)

(A Linda.)

— Asseyez–vous, Mademoiselle.

(Linda s'assied sur un siége placé en avant du banc des témoins.)

— Veuillez nous dire vos nom, prénoms, âge, profession et demeure.

(Linda se lève.)

LE PRÉSIDENT (avec bonté).

Restez assise, Mademoiselle.

LINDA (avec émotion).

Mon nom de famille est Dercour (Jeanne–Henriette); on me nomme au théâtre *Emelinde,* ou plutôt *Linda.* J'ai 22 ans. Je joue les *Stolz* et les *Falcon* à l'Opéra.

LE PRÉSIDENT.

Nous avons le plaisir de vous entendre.

LINDA.

Vous êtes bien honnête, Monsieur le Président.

LE PRÉSIDENT.

Vous n'êtes ni parente ni alliée du prévenu?

LINDA.

Non, Monsieur le Président.

LE PRÉSIDENT.

Vous jurez de dire la vérité?

LINDA (debout et lève la main).

Je le jure.

LE PRÉSIDENT.

Veuillez vous asseoir.

Que savez-vous touchant le fait dont M. Mac-Grégor est accusé? Vous paraissez émue... Remettez-vous.

LINDA.

C'est que... c'est très-embarrassant à dire. Il faut que vous sachiez, Monsieur le Président, que M. Duperrin est un homme très-redoutable avec *son Figaro*, pour les pauvres artistes,...... surtout pour les dames... qui sont jolies.

LE PRÉSIDENT (souriant).

Vraiment !... continuez...

LINDA.

Il nous promet l'appui de son journal si l'on est aimable pour lui, ou il nous menace de nous *travailler* comme il faut.

LA BARONNE.

Ah ! il appelle cela *travailler* !

LINDA.

Si on refuse de le recevoir d'une manière agréable... Je vous prie de croire, Monsieur le Président, que jamais...

LE PRÉSIDENT.

Je vous crois parfaitement, Mademoiselle.

LA BARONNE.

Elle est charmante de naïveté, la pauvre enfant !

(On rit dans l'auditoire.)

LE PRÉSIDENT.

Ces rires sont indécents. Si on continue à troubler ainsi l'audience, je ferai évacuer la salle.

L'HUISSIER (d'une voix de stentor.)

Silence donc, Messieurs !

LE PRÉSIDENT.

Ne vous troublez pas, Mademoiselle ; continuez.

LINDA.

Et puis, M. Duperrin est très-jaloux de M. Blinval : un véritable ami, celui-là ! qui ne demande rien, lui ! qui est honnête et bon pour tous les camarades. Voilà pourquoi M. Duperrin est furieux contre lui, et en dit mille sottises dans son journal.

LA BARONNE.

Il n'en dira plus, Dieu merci !

LE PRÉSIDENT.

De grâce, Madame la baronne.

LA BARONNE.

Mille excuses encore, mon cher Président ! mais on ne peut se contenir à entendre de pareilles choses. Et tenez, pour tout arranger, considérez-moi comme témoin aussi ; car je peux vous en dire beaucoup sur le *Viperrin*.

SAINT-REMY.

Bonne mère ! je vous en conjure encore avec M. le Président.

LE PRÉSIDENT.

Je voudrais pouvoir vous être agréable, Madame la baronne ; mais vous n'êtes pas comprise dans la liste des témoins, et je ne puis que vous adjurer, comme M. de Saint-Remy, de ne plus interrompre : vous troublez ainsi l'audience, et je me verrais forcé, bien à regret, de vous prier de....

LA BARONNE.

De sortir, n'est-ce pas ? Vous êtes trop galant pour cela. —

Allons ! je me tairai. —-Je me tairai, Saint-Remy ; je le promets
à M. le Président.

LE PRÉSIDENT.

Je vous en remercie, Madame la baronne.
(A Linda.)
— Continuez, Mademoiselle.

LINDA.

Donc, Monsieur le Président : M. Duperrin, à qui j'ai dit qu'il
était un méchant d'attaquer toujours Blinval, que j'aime de tout
mon cœur, comme un ami…—Oui, Monsieur le Président, je l'ai
dit à Duperrin, et que je le détestais, lui !…—Fi !… un
homme marié ! c'est indigne !… n'est-ce pas, Monsieur le Président ?

LE PRÉSIDENT.

Sans doute !… mais bornez-vous à nous dire ce que vous
savez au sujet de la lettre anonyme.

LINDA (avec une grande vivacité).

Oh ! pour cela c'est une horreur de me l'avoir attribuée. Et
c'est ce qui a mis Blinval encore plus en colère contre ce menteur
de Duperrin.

LE PRÉSIDENT.

Contenez-vous, Mademoiselle.

LINDA (s'animant de plus en plus).

Moi ! écrire une lettre anonyme, et contre une personne si
bonne, si belle, si respectable !…

LE PRÉSIDENT (l'arrêtant).

Dispensez-vous de la nommer. Il suffit au Tribunal de savoir
que vous n'en êtes pas l'auteur.

LINDA.

Je vous le jure sur mes grands dieux ! Monsieur le Président.
Et c'est la cause pour laquelle Blinval a voulu forcer Duperrin à
se battre, en lui donnant quelques bons coups de cravache.

LA BARONNE (s'écriant).

Ah !... Je me tais, Monsieur le Président.

LE PRÉSIDENT.

M. Mac-Grégor a exprimé son regret d'avoir cédé à un premier moment d'irritation. Le Tribunal appréciera. —Allez vous
asseoir, Mademoiselle.

(Linda va s'asseoir à côté de Raymond.)

LE PRÉSIDENT (à l'huissier).

Huissier, faites venir Mademoiselle Hortense : c'est le dernier
témoin.

(Mouvement de vive curiosité dans l'auditoire.)

LA BARONNE (à Saint-Remy).

Nous allons en entendre de belles !

SAINT-REMY.

Bonne mère !

L'HUISSIER (qui est allé chercher le témoin, rentre le premier et dit).

Mademoiselle Hortense.

(Très-haut.)

Silence, Messieurs !

(Hortense le suit ; elle est mise très-simplement, mais avec beaucoup de distinction. Son voile est abaissé.)

LE PRÉSIDENT.

Mademoiselle, quels sont vos nom, prénoms et qualité, votre
âge, votre profession, votre demeure ? Le Tribunal est instruit
que vous vous êtes faussement qualifiée de *vicomtesse Desgrieux,*

que vous n'êtes pas mariée, et que le prétendu vicomte n'est qu'un chevalier d'industrie, en d'autres termes un habile escroc, assez heureux pour s'être mis à couvert de la Justice.

Par un sentiment d'indulgence pour votre sexe, et d'égard pour un homme honorable qui a bien voulu vous servir de caution, vous n'êtes dans cette enceinte qu'à titre de témoin.

DUMONCEAU.

Oh! merci! Monsieur le Président.

LE PRÉSIDENT.

Mais c'est à la condition que vous direz toute la vérité au Tribunal. Levez la main.

HORTENSE (d'une voix émue, lève la main).

Je le jure! Monsieur le Président.

LE PRÉSIDENT.

Asseyez-vous.
(Hortense s'assied.)

HORTENSE.

Mon véritable nom est *Hortense* BELMON. Ma famille est honorable, mais sans fortune. Mon père est un ancien colonel retraité ; il habite une modeste propriété en Champagne. Je n'avais que quinze ans quand j'eus le malheur de perdre ma mère, il y a dix ans. Je sortais de la Maison impériale de Saint-Denis; c'est dire que j'ai reçu une bonne éducation.
(Elle sort des papiers de son corset et les présente au Tribunal.)
— Vous pouvez vous convaincre, Monsieur le Président, que je dis la vérité.
LE PRÉSIDENT (à l'huissier).

Huissier, faites passer ces papiers au Tribunal.
(L'huissier prend les papiers et les remet au président. Le président les parcourt et les communique aux deux juges.)
— C'est bien, Mademoiselle; continuez.

HORTENSE.

Daignez me dispenser, Monsieur le Président, de dire au Tribunal les circonstances cruelles et fatales qui m'ont conduite à me trouver devant vous : c'est un souvenir trop douloureux et trop humiliant. Permettez-moi de me renfermer dans les faits pour lesquels vous invoquez mon témoignage.

LA BARONNE.

Elle va leur faire un roman.

HORTENSE (avec beaucoup de dignité).

Madame la baronne, j'ai juré de dire la vérité : Dieu m'entend !
(Elle lève la main vers le ciel.)

LE PRÉSIDENT (très-vivement).

Madame la baronne !
(Saint-Remy la supplie à voix basse de se taire.)

LA BARONNE.

C'est fini, mon cher Président, c'est fini! j'aurai bouche close.
LE PRÉSIDENT (avec bonté, à Hortense).

Le Tribunal apprécie votre position, Mademoiselle; il se contentera de vos explications sur le fait le plus grave de ces tristes débats, *la lettre anonyme*. On vous l'attribue : est-ce vrai?
HORTENSE.

Oui, Monsieur le Président. Je l'ai écrite, mais je n'en suis pas l'auteur, c'est M. Duperrin; il me l'a dictée ou plutôt imposée, j'ai dû me soumettre.

LE PRÉSIDENT.

Vous vous êtes soumise!... dites-vous. Il faut que les motifs de cette soumission, qui pouvait avoir de cruelles suites, aient été bien puissants. Pouvez-vous les dire au Tribunal?

HORTENSE (profondément émue).

Je le conjure de m'en épargner la honte.

LE PRÉSIDENT.

Remettez-vous, Mademoiselle. Et cependant permettez-moi de vous exprimer une pensée qu'il est de mon devoir de livrer à votre appréciation.

Votre supposition de nom, vos rapports avec ce prétendu vicomte Desgrieux, votre soumission même à la volonté de M. Duperrin, tout semble se réunir pour faire suspecter vos déclarations, comme venant de cette partie viciée de la société et de votre sexe qu'on appelle le *demi-monde*; qui sait se parer, avec une grande habileté, des qualités et des vertus à l'aide desquelles il usurpe les égards et la considération qui ne sont dus qu'au véritable monde de la moralité et de l'honneur.

HORTENSE.

Je mérite ce doute, Monsieur le Président, et je n'ai pas le droit de m'en blesser : c'est ma punition. Mais n'est-il pas pour nous, qu'une première faute, qui fut celle du cœur, à cet âge où tout conspire pour le séduire et l'égarer : la nature, l'innocence encore, la crédulité et, plus que tout, la perfidie, l'égoïsme, l'ingratitude, la noirceur des hommes; n'est-il pas pour nous, pauvres femmes que cette première faute a perdues, quelque excuse, quelque indulgence, quelque pitié?

DUMONCEAU (d'une voix suppliante).

Ah! oui, Monsieur le Président.

HORTENSE (se lève).

Et qui vous dit que pour celles dont le cœur a gardé, au milieu de ses égarements, le souvenir de ce qui est bon et honnête, l'implacable sévérité de ce monde auquel vous attribuez exclusivement de l'honneur et des vertus, ne les a pas ulcérées au point de le faire prendre en haine *votre monde*, moins parfait peut-être qu'on ne le croit, et que vous nous opposez?

(Avec une grande expression d'amertume.)

—Eh bien! Monsieur le Président, ce mauvais sentiment, je m'en accuse. J'ai voulu me venger de la méchanceté des hommes et du mépris des femmes. J'ai blessé cruellement celle qui, par sa pureté, son angélique douceur, les hommages qu'on lui rend, m'avilissait à mes propres yeux par un si humiliant contraste! Mais le remords m'a vaincue, et je devrai à ce contraste même mon expiation d'un passé que je déteste plus que vous, et dont je suis justement punie.

(Elle s'assied et essuie ses pleurs.)

LA BARONNE.

Monsieur le Président, ne m'en veuillez pas ; mais elle m'a émue jusqu'aux larmes. Je lui pardonne le mal qu'elle a voulu nous faire.

LE PRÉSIDENT.

Mademoiselle, le Tribunal vous a écoutée avec un vif sentiment d'intérêt ; il a foi en vous. Votre repentir lui est un sûr garant de votre retour à des vertus dont le souvenir vous est heureusement resté encore. Votre témoignage l'éclaire ; il vous en remercie.

La parole est au défenseur de la partie civile, absente: Mᵉ Roquet.

Mᵉ ROQUET (d'une voix emphatique et retentissante).

«Messieurs ,

»Les impressions que le Tribunal vient d'éprouver pendant

ces débats si palpitants d'intérêt, je les ai profondément ressenties moi-même.

»Elles rendent ma tâche difficile, mais je ne faillirai pas au
»devoir qu'elle m'impose. L'absence même de mon très-hono-
»rable client, M. Duperrin, rend ce devoir plus sacré encore.

»Son accomplissement sera douloureux peut-être pour nos
»adversaires, mais il faut bien qu'ils se résignent à entendre la
»vérité, en réponse au beau roman sentimental et philosophique
»qui nous a été débité avec tant d'art et d'habileté.»

LA BARONNE (à part).

Me Roquet veut justifier son nom : il va mordre comme son
digne client le *Viperrin*.

LE PRÉSIDENT.

Me Roquet, veuillez vous expliquer sur le fait de *la lettre
anonyme*. Mademoiselle Hortense déclare qu'elle lui a été dictée
et imposée par M. Duperrin. Qu'avez-vous à répondre?

Me ROQUET.

Permettez, Monsieur le Président, que je suive mon système
de défense. C'est par les antécédents des rapports de mon client
avec Mademoiselle, que le Tribunal pourra apprécier jusqu'à
quel point son témoignage mérite votre confiance. Or, il faut
bien que je vous retrace l'origine et la nature de ces rapports.

LE PRÉSIDENT.

Le Tribunal ne peut pas accepter un pareil système, surtout
en l'absence de votre client. S'il était ici, il serait responsable
de vos paroles, et le Tribunal aime à croire que, pour sa propre
dignité, M. Duperrin ne permettrait pas ce retour vers un passé
dont le souvenir doit lui inspirer aussi des regrets. —Veuillez

donc vous renfermer dans l'explication que désire le Tribunal sur le fait de la lettre anonyme.

Mᵉ ROQUET.

Tout ce que je sais, c'est qu'elle est écrite de la main de Mademoiselle. M. Duperrin seul pourrait vous dire s'il la lui a dictée et imposée. Je n'étais pas là ! je n'étais pas là !...

LE PRÉSIDENT.

Ce point est suffisamment expliqué : le Tribunal appréciera. Passez à l'acte qui est le véritable objet de la plainte de votre client contre M. Mac-Grégor.

Mᵉ ROQUET.

Non pas contre M. Mac-Grégor, c'est contre M. *Blinval*, le *fort ténor* de l'Opéra.

LE PRÉSIDENT.

Pour le Tribunal , il n'y a qu'un prévenu : M. *Mac-Grégor*.

Mᵉ ROQUET.

Au surplus, c'est le même homme.

LE PRÉSIDENT.

Les voies de fait : voilà le procès correctionnel.

. Mᵉ ROQUET.

Oh ! pour les voies de fait, je pense que le Tribunal ne juge pas la présence de mon client nécessaire. Le délit est avoué : il a bien reçu les coups de cravache.

(On rit dans l'auditoire.)

L'HUISSIER (de sa plus forte voix).

Silence, Messieurs !

Me ROQUET (reprend sa plaidoirie).

« Il ne reste au Tribunal qu'à prononcer la condamnation, et
»la plus sévère, pour ce guet-à-pens envers un citoyen aussi
»honorable qu'honoré par sa haute position sociale, sa grande
»fortune, ses talents, son esprit !...»

LA BARONNE (à part).

Oui, vante bien son esprit !

Me ROQUET.

J'entends Madame la baronne nous lancer un trait de malice;
mais je pourrais bien lui riposter.

LE PRÉSIDENT.

Parlez au Tribunal.

Me ROQUET.

« Vous partagerez, Messieurs, mon indignation de cet odieux
»attentat, et....»

LE PRÉSIDENT.

Le fait est avoué, vous venez de le dire : le Tribunal appréciera.

Me ROQUET.

Le Tribunal appréciera, le Tribunal appréciera ! Sans doute,
mais.....

LE PRÉSIDENT.

La parole est à Me Henri Bernard, défenseur du prévenu.

LA BARONNE.

On lui a coupé le sifflet.

Me ROQUET.

Je m'incline, Monsieur le Président, mais je me réserve de

prendre des conclusions aux fins de dommages-intérêts, au nom
de la partie civile.

LE PRÉSIDENT.

C'est son droit. Le Tribunal vous donne acte de vos réserves.
—Parlez M⁰ Bernard.

H. BERNARD (se lève).

« Messieurs,

»Autant la tâche de mon honorable et éloquent confrère lui a
»paru difficile, — et je le conçois, par les impressions qu'il a
»ressenties et que nous ont laissées à tous les débats, — autant
»elles rendent la mienne facile.

»Et d'abord, je crois parfaitement inutile d'occuper encore le
»Tribunal de *la lettre anonyme*, cet acte méprisable, quel qu'en
»soit l'auteur.— J'ai foi, comme le Tribunal, dans la déclaration
»du témoin, qui affirme l'avoir seulement écrite, mais à qui elle
»a été dictée et imposée par une sorte de violence morale. Cette
»appréciation suffit à la défense.

—»Les *voies de fait*, qui ont été la conséquence de l'irritation
»produite par l'inculpation élevée contre une personne à laquelle
»mon client accorde son amitié, d'être l'auteur de la lettre, voilà
»le procès, ainsi que vient de le dire M. le Président ; et ce
»procès est jugé dans la conscience de celui qui s'est livré à un
»premier mouvement de colère et qui s'en accuse, comme il est
»jugé, j'ose l'espérer, dans la pensée indulgente du Tribunal,
»par l'équitable application des *circonstances atténuantes*, cette
»disposition clémente de la loi.

»Je m'en remets donc à la justice et, je me permets de le
»dire encore, à cette indulgence tutélaire du Tribunal, au nom de
»M. Mac Grégor, dont la confiance m'honore autant que l'amitié. »

(Il s'assied.)

LE PRÉSIDENT.

La parole est à M. le Procureur impérial.

LE PROCUREUR IMPÉRIAL (se lève).

« Messieurs,

»J'éprouve aussi le besoin de vous dire les sentiments qui m'ont animé pendant le cours de ces bien intéressants débats. Je m'empresse de le déclarer, il est doux pour moi, dont le ministère est faussement apprécié, et que l'on considère comme heureux de trouver toujours des coupables ; il est doux pour moi de proclamer un innocent. Hélas ! cette exception est trop rare pour ne pas être un sujet de joie.

» Le Tribunal a sagement écarté du débat l'acte honteux qui a excité l'irritation du prévenu ; si elle a été suivie d'une violence dont il s'accuse lui-même, et qu'il regrette, il faut cependant reconnaître quel en a été le mobile. C'est le sentiment d'une légitime défense de son honneur outragé par les attaques d'un journal qui, dans ses méchants lazzis, aurait dû ne pas confondre le vaillant soldat, le noble rejeton d'une illustre famille, avec l'artiste, plein de talent d'ailleurs et aimé du public, mais livré par sa profession même à une critique qui abuse trop souvent de son droit, grâce au pseudonyme sous lequel elle se cache.

» Voilà le tort de l'agresseur, voilà l'excuse du prévenu.

» Mais, Messieurs, cette excuse suffira-t-elle pour le faire entièrement absoudre de l'exemple qu'il a donné de cette justice brutale qu'on se fait à soi-même ? C'était, dit-il, pour contraindre l'agresseur à lui rendre raison de ses outrages. Il m'appartient moins qu'à tout autre, par le devoir même de mon ministère, d'apprécier ce dernier motif d'excuse ; mais l'honneur est de tous les biens celui qui nous est le plus cher, et il y a dans nos mœurs, dans nos traditions, dans nos préjugés, je le veux bien,

un sentiment qui parle plus haut que la loi elle-même au cœur
de l'offensé.

» Mais la loi comme l'honneur a ses exigences : elle aussi veut
»être satisfaite. Si elle ne vous permet pas , quand le fait est
«constant , d'absoudre entièrement , elle vous laisse le pouvoir
»d'exercer votre droit le plus doux : celui de la clémence. Vous
»ne pouvez pas en user dans une cause plus digne d'elle.

»Par ces considérations, j'estime , Messieurs, qu'il y a lieu ,
»par application de l'article 463 du Code pénal, de décharger
»le prévenu de toute détention , et de ne le condamner qu'au plus
» strict minimum de l'amende et aux dépens. »

(Le Procureur impérial s'assied.)

LE PRÉSIDENT (parle à voix basse aux deux juges, qui font un signe
d'approbation).

(Au prévenu.)
Mac-Grégòr, levez-vous.

(Mac-Grégor et Henri Bernard se lèvent.)

« Le Tribunal , après avoir entendu le prévenu dans ses dé—
»clarations , les dépositions des témoins et les défenseurs des
«parties , faisant droit aux réquisitions de M. le Procureur im-
»périal :

»Attendu que le prévenu Mac-Grégor a avoué lui-même s'être
»livré aux *voies de fait* envers Duperrin, lesquelles ont été l'objet
»de la plainte et du procès correctionnel dont le Tribunal est
»saisi ;

»Mais attendu que, tout en reconnaissant le tort de s'être
»porté à cet acte d'irritation, dont il a exprimé ses regrets, Mac-
»Grégor s'en est justifié en disant qu'il a été conduit à le com—
» mettre par les attaques incessantes et outrageantes dont il a été
»l'objet de la part de Duperrin , dans le journal *le Figaro mé-
»ridional* , sous le couvert d'un pseudonyme ;

»Attendu que ces attaques passionnées peuvent être considérées

»comme une violence morale, qui explique et justifie, jusqu'à
»un certain point, celle des voies de fait, qui avaient pour but
»de contraindre Duperrin à donner à Mac-Grégor une satisfaction
»d'honneur;

»Par ces considérations et ces motifs, le Tribunal, faisant au
»prévenu l'application de l'article 463 du Code pénal, et par une
»appréciation des circonstances atténuantes,

»Condamne Mac-Grégor à une amende de *cinq francs* et aux
»dépens. »

(Des applaudissements partent de toutes les parties de la salle.)

L'audience est levée.

Me ROQUET (se lève).

Pardon, Monsieur le Président! mais j'ai à présenter mes conclusions à des dommages-intérêts en faveur de la partie civile, et
dont le Tribunal m'a donné réserve. Je les modère à *mille francs*,
que ma partie abandonne aux pauvres.

(Il remet les conclusions à l'huissier, qui les apporte au Président.)

LE PRÉSIDENT (consulte les deux juges).

« Le Tribunal condamne Mac-Grégor aux dépens *pour tous*
»*dommages-intérêts.* »

(Nouveaux applaudissements.)

La séance est levée.

(Tous se lèvent.)

LA BARONNE.

Pardon, à mon tour, mon cher Président! Il ne faut pas que
le prix que Duperrin a mis aux coups de cravache soit perdu
pour les pauvres : c'est moi qui paierai les mille francs. La
journée est bonne, Dieu merci! et les pauvres le béniront de sa
générosité.

(On rit et applaudit.)

LE PRÉSIDENT.

Madame la baronne, je regrette que la vôtre ne puisse pas être insérée au jugement. Vous n'êtes pas en cause ; mais le Tribunal vous en rend grâces pour les pauvres.

Oui, la journée est bonne ; car nous venons de consacrer, par un acte d'indulgente justice, une réparation d'honneur, et une réhabilitation courageuse due au plus touchant repentir.

(On applaudit.)

Huissier, faites évacuer la salle.

(L'huissier s'avance vers la rampe.)

L'HUISSIER.

Allons, Messieurs ! tout est fini.

LE PRÉSIDENT.

Fermez la porte du tribunal.

L'HUISSIER.

Elle est fermée, Monsieur le Président.

(Les deux juges et le greffier sortent par la porte affectée au Tribunal.)

LE PRÉSIDENT (à la baronne).

Madame la baronne, il n'y a plus ici de Président et de Procureur impérial, il n'y a que des amis d'une famille aussi honorable qu'honorée.

(Il serre la main à Saint-Remy.)

LA BARONNE.

Merci ! mon bon Président, pour moi et les miens.

(Pendant ce colloque, Mac-Grégor est descendu dans l'enceinte du tribunal. Il serre la main à Raymond et à Henri Bernard. Dumonceau s'empresse auprès d'Hortense.)

LINDA.

Et moi, Blinval !

MAC-GRÉGOR.

Chère Linda !
(Il lui serre la main.)

ERNEST (tout embarrassé va voir Raymond ; il lui dit).

Raymond, ta main !
(Raymond lui tend la main.)

ERNEST.

De bon cœur?

RAYMOND (répond).

Foi de Raymond !

LA BARONNE (à l'huissier).

Mon brave M. l'huissier, qui criez si bien : *Faites silence !* soyez assez obligeant pour prévenir Madame d'Harcour que nous l'attendons. Elle est chez Madame d'Aiglemont, à deux pas du tribunal.

LE PRÉSIDENT.

Je me charge de la commission ; le temps seulement de poser ma robe. J'aurai l'honneur d'offrir mon bras à Mme d'Harcour.

LE PROCUREUR IMPÉRIAL.

Je demande la permission d'offrir le mien à Mlle Louise.

LA BARONNE.

Elles ne sauraient avoir de plus dignes chevaliers.
(Le Président et le Procureur impérial sortent.)

SCÈNE II.

LES PRÉCÉDENTS (moins LE PRÉSIDENT ET LE PROCUREUR
IMPÉRIAL).

(La baronne descend dans l'enceinte du tribunal, elle va à Hortense et lui dit :)

LA BARONNE.

Vous m'avez vivement touchée, Mademoiselle, et je m'excuse
d'avoir été cruelle pour vous.

HORTENSE.

Votre bonté ajoute à ma confusion, Madame la baronne. Je ne
pourrai jamais expier mes torts envers vous et la noble Madame
d'Harcour.

LA BARONNE.

Julie ! bah ! vous ne la connaissez pas ; c'est une âme du bon
Dieu. Elle sera plus heureuse que vous de votre retour à des
sentiments honnêtes restés au fond de votre cœur.

DUMONCEAU.

Oui, certainement, chère baronne.

LA BARONNE.

Est-il content ce brave Dumonceau !

SAINT-REMY.

Je me joins avec empressement, Mademoiselle, aux félicitations
de ma bonne mère, et je vous garantis, comme elle, le bonheur
qu'éprouvera mon excellente nièce. La voici, qui vous le dira
elle-même.

SCÈNE III ET DERNIÈRE.

LES PRÉCÉDENTS, JULIE, LOUISE, LE PRÉSIDENT, LE PROCUREUR
IMPÉRIAL en habit de ville.

JULIE.

Quelle joie! Ces messieurs nous ont tout dit : *acquitté !*

LA BARONNE.

A peu près ; *cinq francs* d'amende !

LOUISE.

Que je t'embrasse, bonne maman ! Tu as été charmante, d'a-
près M. le Président.

(Elle saute au cou de la baronne.)

LA BARONNE.

Tu m'étouffes, petite folle!

— Je l'ai fait mettre souvent en colère; mais il est si indulgent !

—Voyons ! voyons ! Avant de nous séparer , réglons nos
comptes avec tous.

—Julie, Mlle Hortense attend quelques bonnes paroles de toi.

JULIE.

Pardon, Mademoiselle, si dans mon empressement...

(Elle va vers Hortense, qui s'incline ; Julie lui prend la main.)

— Plus un mot du passé, Mademoiselle ; c'est moi qui vous
en prie.

LA BARONNE.

Je vous l'ai bien dit : c'est une âme d'or.

—Oui, plus un mot du passé , mais du présent et de l'avenir. Que vous proposez-vous ?

HORTENSE.

De me retirer auprès d'une amie de ma famille, à Épernay.
Je n'oserai jamais reparaître devant mon père ; mon père ! qui
est l'honneur même.

DUMONCEAU.

Oh ! par exemple ; je le verrai, moi, votre brave père.

LA BARONNE.

Voilà quelqu'un qui réclame.

HORTENSE.

M. Dumonceau m'a donné de trop grandes preuves de la bonté
de son cœur, je puis dire de la pureté de son amitié, pour que
je n'en conserve pas une profonde reconnaissance.

LA BARONNE (souriant).

Il paraît que cela ne lui suffit pas.

DUMONCEAU.

Certes non, chère baronne. C'est moi qui, sans m'en douter,
ai fait tort à sa réputation : c'est à moi de le réparer.
—Hortense ! ma belle Hortense !

LA BARONNE.

Dumonceau, vous êtes un honnête homme.

HORTENSE.

Je suis indigne d'un si grand honneur. Je dois à M. Dumonceau, comme je me dois à moi-même, de le refuser ; je partirai
dès ce soir.

DUMONCEAU.

Oh ! nous verrons ! nous verrons !

JULIE.

Cette résolution vous élève encore, Mademoiselle. Bonne maman doit l'approuver comme moi.

LA BARONNE.

Très-bien ! Julie. Allons , mon pauvre Dumonceau , un peu de patience : le temps est un grand maître.

SAINT-REMY (à Hortense).

Mademoiselle, je retourne à Paris demain. La session du Corps législatif tend à sa fin. J'avais pris un congé pour assister à notre Concours régional. Vous voudrez bien me permettre de vous accompagner à Épernay.

HORTENSE.

C'est trop de bonté, Monsieur de Saint–Remy.

LA BARONNE (à Mac-Grégor).

Et vous , mon brave Mac? Vous nous restez , j'espère , avec notre belle *diva*?

MAC-GRÉGOR.

Pardon, Madame la baronne : notre engagement finit à la fin de ce mois ; nous partirons aussitôt après pour l'Italie.

LA BARONNE.

Tant pis pour nos plaisirs; mais nous vous reverrons, j'espère, et qui sait?......

MAC-GRÉGOR (souriant).

Je ne dis pas non !

LINDA (naïvement).

Cela s'est vu, Madame la baronne.

LA BARONNE (riant).

Elle est ravissante de naïveté.

Puisqu'il s'agit de mariages, mais *au futur* encore, je suis heureuse de vous en communiquer un, mon cher Président, ainsi qu'à notre digne ami, M. le Procureur impérial.

LE PRÉSIDENT.

Vous avez bien voulu nous en faire part : c'est le mariage de M. Raymond avec Mlle Louise?

LA BARONNE.

Bah ! il s'agit d'un autre.

JULIE (d'un air suppliant).

Eh quoi ! bonne maman ; si tôt !

LOUISE.

Mais certainement.

LE PRÉSIDENT.

Celui de Madame d'Harcour ?

LOUISE (très-vivement).

Oui !... devinez?... avec père !

LA BARONNE.

Petite bavarde !

(Julie gronde à voix basse Louise de son indiscrétion.)

LOUISE.

Oui ! oui ! avec père ;... mon Dieu ! que de façons !

LE PRÉSIDENT.

Recevez mes félicitations, cher M. de Saint-Remy.

LE PROCUREUR IMPÉRIAL.

Je m'y joins de grand cœur.

(L'un et l'autre serrent la main à Saint-Remy.)

LA BARONNE.

Et savez-vous comment je me propose de payer Duperrin de sa lettre anonyme? — En ma qualité de grand'mère et de grand'-tante, je vais lui envoyer une superbe lettre de faire part sur papier vélin.

(Elle rit.)

JULIE.

Je vous en supplie, bonne maman.

LA BARONNE.

Je sais ce que je fais : c'est le coup de grâce pour le Viperrin.

Mais à propos, j'oubliais son digne aide-de-camp. C'est lui que je chargerai d'apporter ma lettre. Approche, Ernest, nous avons ton compte à régler ; au dernier le bon.

ERNEST.

Bonne maman, ne serez-vous sévère que pour moi ! J'ai aussi à vous demander grâce : mais Louise est mon excuse. Vous m'avez appris à l'aimer ; je pouvais espérer... A mon âge, il est difficile de se réduire à la seule amitié. Je saurai y parvenir, et je vais travailler à m'en rendre digne.

(A Raymond.)

— Raymond ! ta main encore !

(Ils se serrent la main.)

(A Louise.)

— Louise, la tienne !

(Louise lui présente sa main.)

— C'est envers tous deux un engagement d'honneur.

LA BARONNE.

Bien! mon garçon.... Tu vas donc rentrer à Paris : c'est le grand théâtre de la comédie humaine. Tu as de l'esprit, de l'ambition; tu es appelé à y jouer un rôle honorable, cela dépend de toi.

SAINT-REMY.

Bonne mère! je me porte garant d'Ernest. Il n'a pas seulement de l'esprit; il vient de nous prouver qu'il avait du cœur.

LA BARONNE.

Il ne serait pas de la famille.

(A Henri Bernard.)

— Et notre jeune et éloquent avocat! à peine arrivé, nous quitte-t-il aussi?

HENRI.

Bien à regret, Madame la baronne; je repars avec Ernest.

LA BARONNE.

Et à quand votre comédie, dont Saint-Remy et Julie disent tant de bien?

HENRI.

A Paris, c'est bien difficile, pour ne pas dire impossible; aussi lui ai-je donné pour titre : LA DÉCENTRALISATION, OU LA PROVINCE.

LA BARONNE.

A la bonne heure! voilà du patriotisme provincial! Molière y a bien fait ses débuts; on n'y est plus pas bête qu'à Paris.

Allons! je le redis à tous, avec notre cher Président : LA JOURNÉE EST BONNE! !

FIN.